Leyendecker/Rickelmann
Exporteure des Todes

W0228484

Hans Leyendecker
Richard Rickelmann

Exporteure des Todes

Deutscher Rüstungsskandal
in Nahost

8 6 206

Steidl

Bitte fordern Sie unser kostenloses Gesamtverzeichnis an!

1. Auflage November 1990
2. Auflage Dezember 1990
3. Auflage (überarbeitet) Februar 1991
4. Auflage Februar 1991

© Copyright: Steidl Verlag, Göttingen 1990

Alle Rechte, insbesondere das Recht der Übersetzung, Vervielfälti-
gung und Verbreitung, vorbehalten. Kein Teil des Werkes darf in
irgendeiner Form (durch Fotokopie, Mikrofilm oder ein anderes Ver-
fahren) ohne schriftliche Genehmigung des Verlages reproduziert
oder unter Verwendung elektronischer Systeme verarbeitet werden.
Fotos: SPIEGEL
Umschlaggestaltung: W. Eagle
Gesamtherstellung: Steidl, Druckerei und Verlag,
Düstere Str.4, 3400 Göttingen
ISBN 3-88243-180-6

Für Mitarbeit und wertvolle Hinweise danken wir den Kolleginnen Christiane Kohl und Monika Tänzer sowie den Kollegen Winfried Didzoleit, Sebastian Knauer, Egmont R. Koch, Felix Kurz, Armin Mahler, Hans Hermann Mans, Heiko Martens, Olaf Petersen, Jürgen Scherzer, Walter Tauber, Wilfried Voigt, Dieter Wessendorff, Jürgen Wulf und ganz besonders Siegesmund von Ilsemann, ohne den das Buch so nicht zustande gekommen wäre.

Hans Leyendecker
Richard Rickelmann

Hans Leyendecker wurde 1949 in Brühl geboren. Er ist seit zwölf Jahren politischer Korrespondent des SPIEGEL in Düsseldorf und lebt in Leichlingen.

Richard Rickelmann wurde 1939 in Ibbenbüren geboren. Er arbeitet im 16. Jahr als SPIEGEL-Korrespondent für Wirtschaft in Düsseldorf und lebt in Solingen.

Inhalt

Der Heilige Krieg

Eine Ära des Friedens schien gekommen: Der Ostblock löste sich auf, der Kalte Krieg ging zu Ende, Soldaten zogen von Schlachtfeldern auf fremder Erde ab – von Afghanistan bis Sri Lanka, Angola bis Kambodscha. Rund 150 bewaffnete Konflikte mit mehr als 30 Millionen Toten hatte die Welt seit Ende des Zweiten Weltkrieges erlebt, aber das neuartige Einvernehmen zwischen den beiden Supermächten ließ plötzlich die Regionalkonflikte niederbrennen. Doch im Sommer 1990 wurde wieder die Kriegstrommel gerührt. »Von Allah auserwählt, auf daß wir die Führung der muslimischen Gemeinschaft übernehmen«, rief der irakische Diktator Saddam Hussein die »Muslime der Welt« zum Dschihad auf, dem Heiligen Krieg gegen die USA. Dem »zionistischen Erzfeind« drohte er den totalen Einsatz von C-Waffen an. »Ich schwöre bei Gott, unser Feuer wird halb Israel verschlingen.«

Saddam (»die Walze«) Hussein hatte Kuweit überrollt, um sich Erdölquellen und den Zugang zum Meer zu sichern, und unversehens geriet die Welt an den Rand eines großen Konfliktes. Der Staat mit der viertgrößten Armee der Welt stand plötzlich einem Expeditionskorps der Alliierten gegenüber – die Konfrontation von Orient und Abendland hatte den alten Ost-West-Konflikt abgelöst. Spätestens der Beginn des Golfkrieges am 17. Januar 1991 um drei Uhr morgens irakischer Ortszeit machte klar, in welche Lage Amerikaner und Europäer durch den ungezügelten Export von Waffen und die Vermittlung von militärischem Know-how geraten waren – ihre »Operation Wüstensturm«, der gewaltigste konventionelle Luftangriff der Kriegsgeschichte hatte das Ziel, das von ihnen gelieferte Gerät zu zerstören.

Vor allem Saddam Hussein war ein Hätschelkind des Westens. Der »Retter der Habenichtse«, »Weiser Führer der revolutionären Massen«, der sein Volk in 312 veröffentlichten Werken mit seinen Weisheiten traktiert hat und auf Plakaten und Wandmalereien selbst in kleinsten Dörfern allgegenwärtig ist, war jahrelang das Bollwerk gegen die Heerscharen des Blut-säufers Ajatollah Ruholla Chomeini. Gegen gutes Geld wur-den Saddams Truppen so aufgerüstet, daß der Diktator über eines der größten Waffenarsenale der Dritten Welt verfügte: Von Nervengas bis zu B-Waffen, von der Superbombe bis zu Raketen, die in Tel Aviv einschlugen und Riad bedrohten, hielt der Despot, der sich mit dem Juden-Bezwinger Nebukadnezar (605 bis 562 vor Christus) identifiziert, allerhand Teufelszeug bereit. »Dies ist ein Frankenstein-Monster, das der Westen kre-iert hat«, stellte im Herbst 1990 Hans Heino Koplietz, Nahost-Experte der Londoner Control Risks Group, fest.

Der Wahnsinn hat Methode. So wurde auch Libyens Revolu-tionsobrist Muammar el-Gaddafi mit High-Tech und Giftgas-anlagen beliefert, obwohl er früher schon die »Weltrevolution« und die Eroberung der USA durch »mein Volk« gepredigt hatte. Der libysche Desperado, der weltweit gesuchte Verbre-cher wie die Terroristen »Carlos« und Abu Nidal finanzierte und nach einer Berechnung des US-Magazins »Newsweek« in über 40 Ländern sogenannte Befreiungsbewegungen oder Ter-rorgruppen unterstützte, bastelte auch nach dem deutschen Giftgasfall von Rabita mit westlicher Hilfe an weiteren Giftgas-fabriken. (Siehe Seite 153 ff.)

Die bombigen Geschäfte erweisen sich auf der ganzen Linie als gigantische Fehlkalkulation. Auch der Herrscher auf dem Teheraner Pfauenthron, Diktator Schahinschah Resa Pahlewi, wurde in den siebziger Jahren mit gigantischen Waffenlieferun-gen vor allem aus den USA (aber auch aus der Bundesrepublik) zum angeblichen Wahrer westlicher Interessen hochgerüstet. Dann stieß ihn der Schiiten-Papst Chomeini vom Sockel, und dessen Revolutionswächter nahmen im November 1979 erst-mals Amerikaner als Geiseln gefangen. Nach Ansicht der »Washingtoner Post« waren gerade des Schahs »ungeheure Militärausgaben ein Grund für die Revolution«.

Die Fehler von einst werden wiederholt. Auch, um die marode Konjunktur in Gang zu bringen, beschlossen die USA im Herbst 1990, ein anderes Feudal-Regime des Nahen Ostens, die Saud-Dynastie in Saudi-Arabien, mit Militärausrüstung im Wert bis zu 21 Milliarden Dollar aufzurüsten. Das Wüsten-königreich ist anfällig für Umwälzungen. Es verfügt über viele Gegner und Neider, aber nur 76 000 Soldaten stecken in der Uniform der Königlichen Streitkräfte. Der kriegerische Nachbar Irak, der knapp vier Millionen mehr Einwohner hat, bietet hingegen ein Millionen-Heer auf.

Der Diktator im King-Kong-Format, Saddam Hussein, hat früh mit der militärischen Aufrüstung begonnen. Als Vize-Premier gehörte er 1974 einem dreiköpfigen Gremium an, dessen Aufgabe es war, dem Irak wieder eine Schlüsselrolle zu verschaffen. Erster Erfolg: Rund 4000 arabische Wissenschaftler – Ägypter, Marokkaner, Algerier, Syrer, Iraker – wurden in einer weltweiten Aktion nach Bagdad geholt, um beim Aufbau einer militärischen Großmacht zu helfen. Finanziert wurde das Manöver durch die damals mächtige Palästinenser-Organisation Arab Projects on Developments (APD). Nach dem Ausbruch des Golfkrieges 1980 wurden die Rüstungsanstrengungen noch verstärkt. Auf dem Höhepunkt des Krieges mit dem Iran, 1984, gab der Irak rund 30 Prozent seines Bruttosozialproduktes für die Rüstung aus. »Dies war ein sehr großer Kuchen«, sagt der britische Ingenieur Christopher Cowley, der dem Irak bei der Entwicklung der Superkanone geholfen haben soll. »Wir reden nicht über Hunderte von Millionen, sondern über Milliarden, und jedes europäische Land wollte ein Stück vom Kuchen haben.«

Eine gigantische Fehlkalkulation mit einem tödlichen Finale und unabsehbarem Ausgang. Der Krieg um Kuwait wird über sein Ende hinaus noch viel Unheil bringen. Er kostet Milliarden und wird wohl weitere Milliarden in die modernste Waffentechnik lenken – Riesensummen, die zugunsten armer Länder, für die ökologische Umrüstung der Industrie oder für soziale Aufgaben fehlen werden. Die Waffenarsenale werden bald wieder mit modernster Technik aufgefrischt, die Rüstungsindustrie steht vor einem neuen Boom.

Versündigt haben sich viele im Irak. In der Exportbilanz des Stockholmer Friedensforschungsinstitutes Sipri stehen die Deutschen beim Verkauf mörderischer Hardware an Bagdad zwar nur an zwanzigster Stelle. (Siehe Seite 141) Aber wie keine andere Nation hat Deutschland Saddam flächendeckend mit hochgefährlichem Zeug ausgestattet. Auch als Lehrmeister waren die deutschen Ingenieure erfolgreich. Als Hussein Mitte der achtziger Jahre den Aufbau einer eigenen gigantischen Rüstungsindustrie beschleunigte, gaben bundesdeutsche Firmen die entsprechenden Impulse. Der Diktator sah sich seinem Ziel nahe. Wie der altorientalische König Hammurabi wollte er ein Feldherr sein, dem sich besser keine andere Macht entgegenstellt.

Eine wichtige Rolle spielte bei Husseins Logistik der irakische Botschafter in Bonn, Abd el-Dschabbar Ghani, einer der wenigen wirklichen Vertrauten des Staatsmannes aus Bagdad. Der ehemalige Geheimdienstmann hatte von 1980 bis 1987 als Botschafter in Kuweit den Nachschub der irakischen Armee organisiert und mit einem Spähtrupp Material über die kuweitische Führung beschafft. 1987 ging Ghani als Botschafter in die Bundesrepublik und kaufte deutsche Industrieanlagen für die Waffenproduktion in seiner Heimat auf. Kurz vor Beginn des irakischen Überfalls auf Kuweit koordinierte er, offensichtlich von Basra aus, die Vorbereitungen für die Invasion. Iraks Mann in Bonn durfte, ausgestattet mit Vollmachten des Präsidenten, die Mitglieder der »Provisorischen Regierung« aussuchen, und er rief die sogenannte Volksarmee ins Leben, die aus Irakern sowie palästinensischen und jordanischen Söldnern besteht. Dann kehrte er auf seinen Posten nach Deutschland zurück. Vom Rhein aus versucht er nach Feststellung westlicher Geheimdienste, das Embargo gegen den Irak zu knacken. Vermutlich kann er sich auch diesmal wieder auf seine deutschen Helfer verlassen.

Das Arsenal des Saddam Hussein

Wie stark ist die irakische Armee?

Das angesehene Internationale Institut für strategische Forschung (IISS) in London hat Anfang Oktober 1990 einen Bericht über das militärische Potential in der Welt veröffentlicht. Besondere Aufmerksamkeit widmet das IISS der militärischen Stärke des Irak.

Nach den Angaben der Londoner Wissenschaftler hat der Irak rund eine Million Soldaten unter Waffen.

Infanterie:

● Zu ihr gehören rund 955 000 Soldaten, eingeteilt in sieben Armee-Corps, sieben Panzer-Divisionen, 40 Infanterie-Divisionen und sechs Divisionen der republikanischen Garde.
● Die Infanterie besitzt ungefähr 5500 schwere Panzer, etwa 100 leichte Panzerwagen, rund 2500 Aufklärungs-Fahrzeuge, 7500 gepanzerte Truppentransporter und 489 Hubschrauber, davon 159 Kampfhubschrauber.
● Husseins Heer verfügt über zirka 3 000 gezogene Kanonen und 500 Kanonen auf Selbstfahrlafetten, 390 Raketenwerfer und über 1 000 Scud-B-Raketen (El-Abbas und El-Hussein) mit einer Reichweite von 70 bis 900 Kilometer, 4 000 Luftabwehrkanonen und ungefähr 600 Fernlenkwaffen (Boden-Luft). Dazu kommen 150 modernste amerikanische Raketen vom Typ Hawks, die der Irak in Kuweit erbeutet hat.

Marine:

● Sie hat 5000 Mann im Einsatz, stationiert in Basra und Oumm Qasr. Sie sind verteilt auf fünf Fregatten, 38 Kampf-Schnellboote und acht Minensuchboote.

Luftwaffe:

● Sie zählt 40 000 Mann und 689 Kampfflugzeuge (Vorjahr: 513). Dazu gehören zwei Bombergeschwader (Tupolev 22 und 16), 22 Jagdbombergeschwader (Vorjahr: 17) vom Typ MIG-19, MIG-23, Mirage, Sukhof 7, 20, 24 und 25 und 17 Kampfjägergeschwader (Vorjahr: 16) mit MIG-19, -21, -25, -29, und Mirage-F1 sowie ein Aufklärungsgeschwader (MIG-21 und -25) und zwei Transport-Geschwader (Antonov und Iljuschin).

Geschäfte über Leichen

Die ganze Region, verkündete Saddam Hussein am 22. September 1990 vor dem Revolutionären Kommandorat in Bagdad, »werden wir in Flammen setzen«. Für »Dutzende von Jahren« werde das Licht verlöschen, und die Feinde des Irak würden in einem »bodenlosen Abgrund« versinken. Für Politiker und Militärs im Westen war die apokalyptische Drohung zunächst nichts als das imperiale Gerede eines Gewaltherrschers. Europäische und amerikanische Wissenschaftler halten es inzwischen aber nicht mehr für ausgeschlossen, daß der Golfkrieg in einem solchen Inferno enden könnte. Sollte Hussein, von den alliierten Truppen ausweglos in die Enge getrieben, die verminten Ölfelder in Kuweit anzünden, könnte daraus eine weltweite Bedrohung entstehen – nicht mehr sehr weit weg von der oft in düsteren Visionen beschriebenen Endzeit.

Wenn nur die Hälfte der Ölfontänen aus den 1000 Bohrlöchern angezündet werden, verwandeln sich täglich rund drei Millionen Barrel Öl in gefährliches Gas und Ruß. Eine atomkriegsähnliche Situation entstünde, mit den vergleichbaren Folgen eines nuklearen Winters. Dicke Aschewolken, die täglich um 100 000 Tonnen Ruß vergrößert werden, verfinstern dann nicht nur den Nahen Osten. Weil brennende Ölquellen schwer zu löschen sind, wird ein großer Teil der nördlichen Halbkugel von einem dunklen Teppich abgeschirmt. Die Temperaturen werden dann um bis zu zehn Grad sinken. Das Klima kann umkippen und weltweit die Ernten vernichten.

Die von der Sonne bestrahlten Wolken erwärmen dann die Stratosphäre, wo Rußteilchen und Gase die Ozonschicht auflösen. Durch den Ozonverlust wird die ultraviolette Strahlung in einem derartigen Umfang zunehmen, daß die Menschen trotz Dunkelheit nicht mehr ins Freie dürfen – ein Anfang vom Ende.

Selbst wenn Saddam vor einem solchen Vernichtungsschlag zurückschreckte, mit seinem verheerenden Waffenarsenal kann er noch viel Unheil anrichten. Der Erzfeind Israel und auch seine übrigen Feinde werden mit Giftgas bedroht. Durch jahrelange Produktion hat der Irak soviel an Kampfstoffen abgefüllt, daß damit Millionen Menschen umgebracht werden könnten. Hussein verfügt auch über bedrohliche Mengen an ansteckenden Todesviren, die er aus Bomben auf seine Feinde regnen lassen könnte.

Noch hat Saddam, der neue Anführer der radikalen Islamischen Bewegung, die Atombombe nicht, auch an seiner Superkanone wird noch gebastelt. Nach den ersten Kriegstagen mit den schnellen Erfolgen der Alliierten warnten dennoch Fachleute davor, die Militärmacht Husseins zu unterschätzen. Der Irak ist hochgerüstet, und deutsche Todeskrämer haben dabei kräftig mitgeholfen. Der kleinen Firma H + H Metalform aus dem Münsterland gebührt das Kompliment, bei der Entwicklung der A-Bombe emsig mitgeholfen zu haben. Alliierte Soldaten, die auf einem Schlachtfeld in Nahost an Nervengas krepieren, sind Opfer vermutlich von Karl Kolb aus Dreieich samt Konsorten. Die biologischen Waffen wurden in Labors gezüchtet, die deutsche Mittelständler geliefert haben. Die ausgebrannten Flugzeugträger und Panzer und die abgeschossenen Kampfflieger bleiben dank der Technologie von MBB und ihrer französischen Tochterfirma Euromissile auf der Strecke.

Der deutsche Rüstungsexport nach Nahost legt eine Gesinnung bloß, die auch in der Politik als Ideologie vorhanden ist: Nichts darf dem Export deutscher Leistung im Wege stehen. Export um jeden Preis, er garantiert den Wohlstand. So richtig der Glaubenssatz im Prinzip ist, so falsch wird er in seiner Zuspitzung. Export um jeden Preis setzt Skrupellosigkeit voraus. Zigtausende von Menschen bezahlen den Wohlstand der Exporteure mit ihrem Leben. Erst das Fressen, dann die Moral? Nicht einmal das: Viele Geschäfte laufen ganz ohne Moral. Keine Kanone ist zu verkaufen, wenn der Verkäufer ein funktionierendes Gewissen hat. Und Giftgas, das Lebewesen auf widerlichste Art ins Jenseits befördert, wird nicht deshalb angenehmer, weil der Lieferant der Anlage das Wort nie hören wollte.

Die Bundesrepublik ist auch Weltmeister im Export, weil deutsche Rüstungsgüter und ihnen verwandte Technologien in aller Welt einen so verteufelt guten Namen haben. In bezug auf den Irak, sagt W. Seth Carus, Rüstungsexperte am Institute of Near East Policy in Washington, seien »wohl alle Hände irgendwie schmutzig. Aber es sind die Deutschen, die mit großem

Abstand am tiefsten im Dreck stecken«. Besonders im Bereich der Dual-use-goods, Waren also, die sowohl militärisch als auch zivil einsetzbar sind, war auf die Deutschen stets Verlaß. »Die größte Bedrohung«, kommentierte Anfang November die Züricher »Weltwoche«, »geht nicht mehr von den Supermächten aus, sondern von ihren eigenen Exporten«.

Gehen deutsche Kaufleute über Leichen, nach dem Motto, Hauptsache die Kasse stimmt? Politiker wie SPD-Chef Hans-Jochen Vogel verlangten nach Kriegsausbruch, »die Exporteure des Todes« künftig zu behandeln »wie Schwerverbrecher«. Bild echote: »Wer legt den Mördern im grauen Flanell endlich das Handwerk?« Manche kennen offenbar keine Grenzen. So betrieben die Lieferanten der Giftgasanlagen die Umgehungsausfuhren, wie das kriminelle Geschäft über Drittländer verharmlosend heißt, noch zu einem Zeitpunkt, als westliche Geheimdienste und Regierungen längst Alarm geschlagen hatten. Es geht um Geld, sehr viel Geld; manchmal sogar um neunstellige Summen. Da heißt es zupacken, ehe ein anderer zuvorkommt, einsteigen, bevor der Zug abgefahren ist. Nirgendwo sonst sind solche Renditen drin. Zudem nutzt es auch dem eigenen Fortkommen. Für die Karriere sind gute Zahlen wichtig, und da spielt es meist keine Rolle, wie sie zustande kommen.

Wenn es nicht gerade Nervenkampfstoffe sind, geht selbst von illegalen Rüstungsgeschäften nur ein schwaches Rüchlein aus. Sie zählen kaum mehr als ein Spesenbetrug und sind wie das Beschummeln des Fiskus sogar noch ein Ausweis von besonderer Cleverness. Wie Aufsichtsräte augenzwinkernd Preiskartelle dulden, akzeptieren sie auch die Schiebereien mit vielseitig verwendbarer Technik. Zu Trickbetrügerei und Heuchelei gehört die Sprachverschleierung. Gefährliche Chemiefabriken heißen Düngemittelanlagen, modernste Raketentechnik verbirgt sich hinter Fließdrückmaschinen und Kanonenfabriken sind als Universalschmieden getarnt.

Für einen Staat, dessen Gründungsväter nicht wollten, daß in Deutschland wieder Rüstungsgüter gebaut würden, ist schon die Menge der produzierten Waffen erstaunlich; von den Ausfuhren rund um den Globus und in alle Krisen- und Kriegsregionen nicht zu reden. Keine Frage, die Amerikaner, die Franzosen und die Engländer liefern noch mehr mörderische Hardware. Die Deutschen sind dagegen unerreicht beim Export durch die Hintertür.

Die Liste mit genehmigungspflichtigen Waren ist 163 Seiten dick, dafür sind konsequenterweise die Kontrollen lasch. Es ist ein unendlich verfilztes und unappetitliches Knäuel, in dem alle politischen Klassen des Landes drinhängen. Bei Rüstungsexporten wird gern weggeguckt, Kohl setzt fort, was schon unter SPD-Kanzlern so war. Geändert hat sich auch nicht, daß die Antreiber des Exports ohne Grenzen stets in der CSU und FDP zu finden sind. Franz-Josef Strauß und Otto Graf Lambsdorff in seiner Zeit als Wirtschaftsminister waren Synonyme für die Hausse in Schiebung und die Baisse in Moral.

Wenn es mulmig wird, gehen die Bonner Leibwächter der Wirtschaft routiniert ans Werk. Aus der anonymen Komparserie tritt oft einer wie Wirtschaftsstaatssekretär Erich Riedl ins Licht und schlägt sich mannhaft für seine Lieblingsfirma. Bei dem Bajuwaren ist es die Rüstungsschmiede MBB, die seit Jahren viele Geschäfte auf Umwegen macht, ohne rechtliche Konsequenzen. Wenn Riedl mal für die Offensive ausfällt, geht prompt etwas daneben. Auf Vorwürfe wegen der Irak-Lieferungen verteidigt sich MBB Ende September 1990 mit einem verblüffenden Einwand. Die Kritiker ließen »unberücksichtigt, daß die genannten Lieferungen im Zeitraum des irakisch-iranischen Krieges erfolgten«.

ORTE MIT DEUTSCHER BETEILIGUNG AN MILITÄRISCHEN PROJEKTEN IM IRAK

DER SPIEGEL

Mosul

Arbil

SYRIEN

IRAK

IRAN

Samarra

Tadschi

Bagdad

Falludscha

Salman Pak

Hilla

200 Kilometer

KU-WEIT

Golf

SAUDI-ARABIEN

Militärische Nukleartechnik

Chemiewaffen

Militärisches Forschungszentrum

Bakteriologische Waffen

Raketentechnik

Kanonen- und Munitionsfabriken

Meister der Camouflage

Erich Riedl war empört. Das seien »verbrecherische Export-handlungen«, schimpfte der Staatssekretär im Bonner Wirt-schaftsministerium. Die Bundesregierung, versicherte der CSU-Mann in einem Interview über illegale Rüstungsgeschäf-te, werde mit aller Schärfe dagegen vorgehen.

»Die Höchststrafe«, so Riedl in der Brennpunkt-Sendung vom 29. August 1990, »haben wir schon auf 12 Jahre erhöht. Von mir aus können wir auch auf 16 oder 18 Jahre gehen.« Die Fahndungsmöglichkeiten von Polizei und Verfassungsschutz müßten verbessert werden. Er wolle an dieser Stelle den »kon-kreten Vorschlag« machen, in solchen Fällen »Rasterfahndun-gen« einzuführen.

Die Höchststrafe ist tatsächlich auf zehn Jahre festgesetzt worden. Vergessen hatte er wohl auch die Pannen im Fall Imhausen, in denen trotz ständiger Hinweise seit Mitte 1985 die Bundesregierung nicht aktiv geworden war. »Wenn wir auch nur den Hauch eines Verdachts haben«, behauptete Riedl den-noch frech, »werden die Behörden sofort tätig«. Es sei aber äußerst schwierig, solchen Exporteuren überhaupt auf die Spur zu kommen.

Ob denn die riesige deutsche Rüstungsindustrie nach Been-digung des Kalten Krieges nun verstärkt in die Dritte Welt exportieren werde, wollte der Interviewer Wilhelm von Stern-burg wissen.

Riedl: »Mitnichten. Die sogenannte Rüstungswirtschaft ist ja nicht pausenlos illegal tätig.« Die illegalen Handlungen seien Einzelfälle, die »von den Behörden mit aller Intensität verfolgt« würden. Dagegen sei auch mit höheren Strafen wenig auszurich-ten. »Das ist wie beim Rauschgifthandel. In asiatischen Ländern steht auf Rauschgiftbesitz die Todesstrafe.« Trotzdem werde immer wieder damit geschmuggelt und gehandelt.

Diese Einzelfälle hätten, so von Sternburg, »immerhin 15 000 Giftgastote im Irak« zur Folge gehabt.

Riedl: »Ja, das sind Verbrecher, und die müssen hinter Schloß und Riegel.« Oft stelle er sich die Frage, warf der Fernsehmann vom Hessischen Rundfunk ein, wie ein deutscher Politiker nachts schlafe, wenn er in der Tagesschau die »Menschenmassen von Toten« sehe – »und das aufgrund von deutscher Technik«.

Riedl: »Das ist eine grausame Sache. Mir geht das auch alles nach, so wie Millionen Menschen in der ganzen Welt das schrecklich finden. Wenn wir auch nur einen einzigen Anhaltspunkt dafür gehabt hätten, daß die und jene Firma Giftgasanlagen im Irak bauen wollte, hätte keiner von ihnen die geringste Chance gehabt, überhaupt den Flughafen zu erreichen, geschweige denn zu exportieren. Wenn man aus dem Rathaus herauskommt, ist man bekanntlich immer klüger.«

Töne, die Empörung dämpfen könnten. Da ist jenes rechte Maß an Entschiedenheit erkennbar, das hoffen läßt. Zupackend wirkt der Bayer, ein Mann von Recht und Ordnung.

Doch Riedl ist ein Meister der Camouflage. Das macht ihm so schnell keiner nach: Der CSU-Politiker, der öffentlich als Scharfmacher gegen die illegalen Rüstungsexporte auftritt, gilt in Bonn als der wichtigste Lobbyist des Rüstungskonzerns MBB, und der steht in dem Verdacht, auf Umwegen wichtige Kriegsgeräte in den Irak geliefert zu haben.

Riedl ist für viele Ermittler das Paradebeispiel für ihren Verdacht, die Bundesregierung betreibe in Wirklichkeit Rüstungskumpanei mit der Industrie. Im Umgang Bonns mit den oberen Management-Etagen gibt es in der Tat so manche Ungereimtheit.

Ungewöhnlich ist beispielsweise ein Briefwechsel zwischen dem Bonner Wirtschaftsministerium und Krupp. Die Ministerialen hatten von einem Auftrag des Essener Konzerns zur Produktion von martensitaushärtendem Stahl erfahren. Wegen seiner besonderen Härte und Zugfestigkeit wird das Metall laut offizieller Exportliste zur Herstellung von Raketenteilen oder von Komponenten einer Gaszentrifugenanlage zur Urananreicherung verwendet. Als Zollfahnder durch Zufall auf den Vorgang stießen, war in Geschäftsakten von Krupp nichts Verdächtiges zu finden. Es habe sich, so die Auskunft der Krupp-Manager, nur um die Anfrage eines Geschäftspartners aus Singapur gehandelt. Es sei aber nicht geliefert worden.

Die Politiker in Bonn, meint ein BKA-Mann, verhalten sich bei Rüstungsskandalen ähnlich wie in der Parteispenden-Affäre. Viele kennen und dulden die Praxis. Wenn etwas auffliegt, sei dann schnell von »verbrecherischen Praktiken« die Rede.

Die Macht der Rüstungslobby ist so groß, daß sie noch alle beabsichtigten Verschärfungen der Gesetze rechtzeitig bis zum Inkrafttreten ganz verhindern oder drastisch abmildern konnte. Auf dem Höhepunkt der Giftgasaffäre Imhausen wollte Wirtschaftsminister Haussmann die Vorschriften zur Herstellung chemischer Kampfstoffe deutlich verschärfen. Danach sollte generell verboten werden, Anlagen und Anlagenteile, die für die Herstellung chemischer Kampfstoffe »geeignet« seien, ohne Genehmigung zu exportieren. Doch Mitte 1989 ließ Haussmann die Vorschrift verwässern. Seither müssen die Anlagen »besonders geeignet« sein, um unter die Genehmigungspflicht zu fallen.

Ein erstaunlicher Vorgang. Die Frage drängt sich auf, ob die Ministerialen und ihr Vorgesetzter Haussmann so blauäugig der Industrie vertrauen. Oder ist es eher dreiste Paktiererei mit der Rüstungsindustrie, wie obskur die Geschäfte auch sein mögen? Als am 23. Juni 1989 im Bundestag über die Konsequenzen aus dem Imhausen-Skandal debattiert wurde, zog sich durch die Redebeiträge der Unions- und FDP-Abgeordneten wie ein roter Faden die Sorge vor zu großen Verschärfungen. Zwar traten auch Union und FDP für mehr Einschränkungen ein. Bei illegalen Exporten militärisch nutzbarer Güter sollten die Straf- und Bußgeldbestimmungen verschärft werden.

Aber nur ein wenig. »Immer wieder«, meinte beispielsweise der CDU-Abgeordnete Peter Kittelmann, »müssen wir uns im Parlament mit der Frage auseinandersetzen, ob wir die Freiräume und das selbstverantwortliche Handeln des einzelnen nicht zu sehr einschränken. Ich betone ausdrücklich, daß ich für diese Sorge ein immer stärkeres Verständnis habe.«

Der CSU-Abgeordnete Lorenz Niegel setzte dumpf-dreist noch einen drauf: »Ich warne vor einer politischen Schizophrenie, daß wir Deutschen Ordnung halten, aber andere außerhalb unserer Grenzen, mit denen wir freiwillig oder unfreiwillig kooperieren, sich alles leisten können und wir uns pausenlos Selbstbeschränkungen auferlegen.«

Das paßt ins Bild: Erst einen Monat vorher hatten Beamte verschiedener Ministerien darüber beraten, wie sie die Ermächtigung zur Strafverfolgung wegen des illegalen Verkaufs von Bauplänen für U-Boote an Südafrika verweigern könnten.

Der Deal der Howaldtswerke Deutsche Werft AG, einer Tochterfirma des damals noch staatlichen Salzgitter-Konzerns, wurde als »VS-Geheim« eingestuft. Der Kreis der mit Einzelheiten über die Affäre betrauten Personen sollte klein gehalten werden. Die Ermittlungen verliefen dann auch wie erwartet im Sande und wurden schließlich ganz eingestellt.

»Wenn Rüstungsexporteure«, empörte sich der SPD-Bundestagsabgeordnete Albrecht Müller in der Debatte Mitte 1989, »darauf setzen können, daß sich die Beamten der Bundesregierung zusammenhocken, um darüber nachzudenken, wie sie Gesetzesbrecher vor der Strafverfolgung schützen können«, dann sollte Wirtschaftsminister Haussmann seine geplanten schärferen Bestimmungen »am besten gleich in den Papierkorb werfen.«

»Wo denn«, wollte Müller von der Bundesregierung wissen, »bleibt eigentlich die fällige Prüfung der Zuverlässigkeit der Firma MBB nach dem Kriegswaffenkontrollgesetz?«

Seither sind weitere schwerwiegende Fälle illegaler Rüstungsexporte von MBB bekanntgeworden (siehe Seite 116ff.). Doch die Prüfung steht weiterhin aus, und sie wird es wohl auch nicht geben. Der Skandalkonzern behält damit weiterhin einen Sonderstatus beim Zoll: Die Beamten vertrauen bei Exporten den Angaben der Firma und verzichten auf Einzelprüfungen.

»Wenn deutsche Unternehmen eine bestimmte Größe überschritten haben, wenn sie über Einfluß und die nötigen Mittel zur Öffentlichkeitsarbeit verfügen«, glaubt der Sozialdemokrat Albrecht Müller, »dann können sie sich den Verstoß gegen Buchstaben und Geist der Gesetze leisten, ohne daß der Staat gegen die Regelverletzungen einschreitet.«

Müller glaubt auch zu wissen, warum gegen die illegalen Exporte so wenig zu machen sei. Allein im Zusammenhang mit einem Tornado-Geschäft mit Jordanien »war die Rede von einer halben Milliarde Schmiergelder. Wenn es nur 200 Millionen gewesen wären, ist das schon ein unglaublicher Skandal. Das erklärt vieles von dem, weshalb wir von diesen Dingen nicht wegkommen«.

Auszug aus einem geheimen Bericht des Bundeswirtschaftsministers Helmut Haussmann vom 21. August 1990 über die Beteiligung bundesdeutscher Unternehmen an Waffenlieferungen und rüstungsrelevanten Technologieexporten in den Irak:

Von Beginn meiner Amtszeit an hat mich die rechtliche Bewältigung der Rabita-Krise beschäftigt. Vor der Aufdeckung des Falles Imhausen Anfang 1989 gab es bereits andere, ähnlich erschütternde Fälle leichtfertiger oder gar vorsätzlicher Exporte tödlicher Technologien. Sie holen uns jetzt mit fortschreitender Aufklärung ein und werfen erneut schwere Schatten über den deutschen Außenhandel. Schon 1983 wurden Ausrüstungen für die Giftgasproduktion illegal nach Irak geliefert. Der gutachtliche Beweis liegt seit der letzten Woche vor. In den frühen achtziger Jahren begann die Beteiligung deutscher Unternehmen an dem Militärprojekt »Saad 16«, später an dem Industrie-Rüstungskomplex »Tadschi«. Insgesamt laufen zur Zeit allein im Zusammenhang mit Irak nach unserer Kenntnis strafrechtliche Ermittlungsverfahren gegen 25 Firmen. In den meisten Fällen hat die Bundesregierung selbst diese Verfahren ausgelöst. Auch die Zahl der außenwirtschaftsprüfungen durch den Zoll wurde stark erhöht.

Dabei entschuldigt in keiner Weise, daß auch Unternehmen zahlreicher anderer Länder an den Rüstungs-Projekten im Irak beteiligt waren, sondern zeigt dies höchstens den großen Bedarf an internationaler Abstimmung bei der Verhinderung von Proliferation tödlicher Technologien. Wir müssen damit rechnen, daß selbst in diesen Tagen während des Embargos, vielleicht gerade jetzt, der Irak versucht, sein Arsenal durch raffinierte Einkaufsoperationen in den Industrieländern, gerade auch bei uns, weiter zu komplettieren.

In meiner Zuständigkeit liegt die Verantwortung für den rechtlichen Rahmen der Exporte insgesamt und die rechtliche Beurteilung der Zulässigkeit einzelner Exporte. Daneben trägt die Bundesregierung Verantwortung für eine möglichst weitgehende Verhinderung auch der Exportvorgänge, die illegal an der Genehmigungsbehörde in Frankfurt vorbei stattfinden, indem die Behörde gar nicht erst angerufen wird oder indem Waren mit anderen Beschaffenheiten als den bescheinigten exportiert werden. Von der Giftgasanlage über die Raketenfabrik und die Kanonen-Schmiede bis zum Nuklearbereich liefen oder laufen noch Ermittlungs- und Strafverfahren, weil der Verdacht bestand oder besteht, daß illegal exportiert wurde.

Ich kann mich mit der strafrechtlichen Ahndung, so wichtig sie wegen der Abschreckung neuer Taten ist, nicht zufriedengeben, weil der eigentlich zu verhindernde Erfolg in der Regel immer schon eingetreten ist. Die gefährliche Verbreitung ist dann erfolgt. Die internationale Reputation unseres Landes, von der wir so abhängen, hat bereits Schaden genommen.

Von dem Reformpaket zur Verschärfung der Außenwirtschaftskontrollen ist ein sehr großer Teil realisiert, ohne daß ich dies hier alles einzeln aufzählen will. Das Personal des Bundesamtes beispielsweise konnte im Kontroll-Bereich bereits mehr als verdoppelt werden und wird in diesem Jahr weiter ausgebaut. Wir haben auch ungewöhnliche Wege, selbst bei der Besoldung, einschlagen müssen, um am leergefegten Frankfurter Arbeitsmarkt so weit zu kommen. Im Genehmigungsverfahren laufen alle Verdachtsmomente den Bearbeitern des Bundesamts jetzt endlich per Computerprogramm zu. Wir brauchen aber mehr:

Wir brauchen erstens dringend den viel umfassenderen und schärferen Abschreckungsrahmen des Kriegswaffenkontroll-Gesetzes, der auch alle Auslandstätigkeiten erfaßt. Ich appelliere auch vor Ihnen an den Ermittlungsausschuß des Parlaments, das Gesetzesvorhaben nunmehr rasch zu verabschieden.

Wir brauchen zweitens die ebenfalls im Vermittlungsausschuß noch hängenden Rechtsgrundlagen für den Aufbau eines Überwachungssystems mit Verknüpfung aller Daten der verschiedenen Behörden.

So ungewöhnlich und aufwendig dies auch ist – wir müssen drittens den Irak selbst nach einer Aufhebung des allgemeinen Embargos einem Sondersystem unterwerfen, bei dem praktisch alle technisch-industriellen Produkte, bis auf Nahrungsmittel, Textilien und ähnliches, in einem Einzel-Genehmigungsverfahren auf ihren Verwendungszweck hin kontrolliert werden. Auch die Verbesserung der internationalen Abstimmung der Exportkontrollen, nicht nur im nuklearen, sondern auch in allen anderen rüstungsrelevanten Bereichen, erscheint dringend erforderlich: Hier sollte die Bundesregierung auch im Hinblick auf den EG-Binnenmarkt initiativ werden.

In einer Reihe den von mir berichteten Fälle müssen jetzt die Gerichte sprechen. Ich darf nicht vorverurteilen. Aber ich bedauere sehr, daß der Strafrahmen des Außenwirtschaftsrechts zur Zeit der Tat, der jetzt noch angewandt werden muß, eine angemessene Ahndung im Falle der Verurteilung nicht zuläßt. Wir haben das mit der Anhebung von 3 auf 10 Jahre Freiheitsstrafe inzwischen korrigiert. Es gab bereits Forderungen nach zusätzlichen Verschärfungen des Außenwirtschaftsrechts. Sollte es trotz der umfangreichen seit 1989 vorgenommenen Änderungen, die das Parlament einvernehmlich – bis auf das Kriegswaffenkontrollgesetz – verabschiedet hat, noch Handlungsbedarf geben, so werden wir jede vernünftige weitere Anregung sofort aufgreifen.

Die Todesfabriken von Samarra

Es gibt Bilder, die lassen auch die Fahnder nicht mehr los. Das
Foto vom Vater ist darunter, der nach dem irakischen Giftgas-
angriff vor dem Haus im kurdischen Halabbachh liegt und
noch im Tod sein Kind an sich preßt. Da ist der junge Soldat,
der im Dämmerlicht einer Wellblechhalle krepiert ist; die Gasmaske hat er heruntergerissen. Seine Augen starren nach oben
– die Flugzeuge, die den Tod aufs Tal regnen ließen, sind längst
zurückgekehrt. Da sind Nahaufnahmen der Opfer, die das laut-
lose Massaker überlebten: Ihre malträtierten Körper sind mit
Eiterblasen und Geschwüren übersät. Penibel wird auf den Bildern jede Verätzung der Hautflächen festgehalten.

Der Bilder-Schock liegt als Anlage einem ordentlichen deutschen Strafverfahren bei, das bei der Staatsanwaltschaft Darm-
stadt unter dem Aktenzeichen 21 Js 35.285.6/87 geführt wird.
Seit drei Jahren versuchen hessische Strafverfolger und die
»Sonderkommission Irak« des Kölner Zollkriminalinstituts herauszufinden, ob deutsche Unternehmen die Giftküchen des
Saddam Hussein gebaut haben. Vier Tonnen Beweismaterial
wurde gesichtet, weit über hundert Zeugen vernommen, und
im Frühjahr 1991 soll die Anklage fertiggestellt werden.

Falls das Hauptverfahren eröffnet wird, müssen wohl sieben
Manager der Hamburger Water Engineering Trading (W.E.T.)
und der Dreieicher Karl Kolb GmbH auf die Anklagebank. Mit
ihrer Hilfe sollen angeblich in Falludscha und Samarra die
Kampfstoff-Depots des Saddam Hussein gefüllt worden sein.
Etwa 1000 Tonnen Nervengase werden dort jährlich hergestellt
– so viel wie in keinem anderen Land der Welt. Nach Erkenntnissen der Nachrichtendienste handelt Hussein inzwischen mit
Kampfstoffen en gros – er hat ja auch genug. Für die Füllung
einer Fliegerbombe reichen 50 Liter, bei einer Granate schon
fünf Liter. Seit den Gaseinsätzen, prahlte im Januar 1989 ein
irakischer Diplomat auf der Pariser C-Waffen-Konferenz, könne sich sein Land »kaum mehr vor Anfragen aus anderen
Dritte-Welt-Ländern retten.«

Hussein greift auf Stoffe mit furchtbarer deutscher Tradition
zurück. Pioniere der 23. und 26. Heeresgruppe waren es, die
am späten Nachmittag des 22. April 1915 erstmals in der Kriegs-

geschichte Gas, rund 160 Tonnen Chlorgas, einsetzten. Den Einsatz bei Ypern an der Westfront hatte der Chemieprofessor und Leiter des Berliner Kaiser-Wilhelm-Instituts, Fritz Haber, persönlich beaufsichtigt, der von der C-Waffen-Kriegsführung als einer »technisch höheren Form des Tötens« schwärmte. Haber wurde für die Entwicklung der Ammoniak-Synthese mit dem Nobelpreis für Chemie ausgezeichnet, eine Entscheidung, die vor allem in den USA Empörung auslöste. »Warum«, fragte die New York Times, »ging der Nobelpreis für Literatur nicht an denjenigen, der General Ludendorff täglich Kommuniqués geschrieben hatte?« Vor und während des Zweiten Weltkrieges wurden in Fabriken der IG-Farben bis zu 12 000 Tonnen Giftgas jährlich hergestellt, sie kamen allerdings nicht zum Einsatz. Nach dem Krieg, 1954, verzichtete die Bundesregierung feierlich auf die Produktion von C-Waffen, während die deutsche Chemieindustrie zu einem der größten Insektenvertilgungsmittel-Hersteller der Welt avancierte und bald in Verdacht geriet, allen Despoten der Dritten Welt bei der Produktion von Menschenvertilgungsmitteln behilflich zu sein. Die Fabriken von Samarra und Falludscha waren denn auch Ziel der ersten Angriffswellen bei der »Operation Wüstensturm« im Januar 1991.

Die Iraker hatten den Tod aus dem Labor in drei Hauptvarianten im Angebot: Senfgas, Tabun und Blausäure. Stoffe, bei denen die Vorherrschaft der Deutschen unumstritten ist.

Senfgas (chemische Formel: $ClCh_2-CH_2-S-CH_2-CH_2Cl$), auch Lost genannt, wurde von deutschen Chemikern erfunden und im Ersten Weltkrieg von 1917 an eingesetzt. 19 000 Soldaten sollen auf beiden Seiten bis 1918 an Senfgas und seinen Vorläufern gestorben sein, 1,3 Millionen erlitten Verletzungen. Prominentester Verwundeter: Adolf Hitler, der infolge von Senfgas-Einwirkung vorübergehend erblindet war (»die Augen waren in glühende Kohlen verwandelt«).

Der braune, ölige, stechend riechende (in gereinigter Form aber geruch- und farblose) Kampfstoff verursacht monatelang anhaltende Qualen, unter anderem Dauer-Erbrechen, Schwindel, Fieber, Abszesse, Lungen- und Augenentzündungen. Das Knochenmark der Verwundeten wird geschädigt, alle Schleimhäute vom Mund über die Luftröhre bis in die Lungenbläschen werden schwer angegriffen, die Zahl der weißen Blutkörperchen verringert sich, das körpereigene Immunsystem bricht zusammen.

1937 entwickelte der IG-Farben-Chemiker Gerhard Schrader das Nervengas Tabun und ein Jahr später die tabunähnliche Verbindung »Sarin«. Beide führen zum totalen Kontrollverlust der Muskulatur. Die Opfer winden sich in Krämpfen und Zuckungen, Darm und Blase entleeren sich unkontrolliert, der Tod tritt nach wenigen Minuten durch qualvolles Ersticken ein.

Als Kampfstoff ein wenig aus der Mode gekommen ist die Blausäure. Auch sie hat in Deutschland Geschichte: Blausäure, gebunden in Kieselgur, war in Zyklon B, dem Mordmittel von Auschwitz.

Kein Beben wird vermutlich die Regierenden erschüttern, wenn die Irak-Affäre im Gerichtssaal aufgerollt wird. Mit bleierner Gelassenheit und beiläufig ist das Giftgasmassaker von der Welt wahrgenommen worden. War da überhaupt was? Weit hinter der Türkei hatten acht Jahre lang der Irak und der Iran aufeinander eingedroschen. Ein Gemetzel, das die meisten Beobachter gleichgültig ließ. Spannend war nur, ob die Preise für Benzin oder das Heizöl steigen oder fallen würden. Mindestens 5000 Kurden und Iraner sind durch irakische Nervengase ums Leben gekommen, doch echtes Interesse kam erst auf, als auch die Alliierten beim Aufmarsch am Golf mit diesem Giftzeug bedroht wurden.

Mit Ausflüchten und Wortgeklingel läßt sich längst nicht mehr beschönigen, was deutsche Exportwut angerichtet hat: Der Nervengas-Skandal ist zur Belastung der deutsch-amerikanischen Beziehungen geworden.

US-Geheimdienstler verbittert, daß ihre zahllosen Hinweise auf deutsche Kampfstofflieferungen im Kanzleramt zwar eingegangen sind, die Geschäfte aber ungestört weiterliefen. Im Herbst spitzte sich die Lage zu. Der Bundesnachrichtendienst mußte die Amerikaner darüber informieren, daß der Irak auf den deutschen Anlagen auch hochkonzentrierte Blausäure herstellt. Bei einer chemischen Reaktion der Säure mit dem Filtermaterial der Gasmaske könne soviel Hitze entstehen, daß der Filter zerstört und das hochgiftige Gas dann ungehindert eingeatmet werde. Die Amerikaner und die Briten mußten ihre ABC-Schutzausrüstung gegen die Filter-Killer nachbessern.

Der Giftgas-Skandal ist zunächst und vor allem ein deutscher Fall, aber auch andere haben sich versündigt: Franzosen, Italiener, Holländer, Amerikaner und die Beton-Bonzen aus der Alt-DDR sowieso. Denn die Kriegstreiber aus Bagdad haben nie einen Zweifel daran gelassen, daß sie Kampfstoffe produzieren wollten, und niemand, bis auf die von Saddam mit Kampfgas bedrohten Israelis, hat das ernsthaft verhindern wollen.

Da ist der Chemiker und Toxikologe Karlheinz Lohs aus Leipzig, ein weltweit anerkannter Experte, der seit Jahrzehnten auch in renommierten Friedensinstituten Sitz und Stimme hat. Im Sommer 1990 fällt Lohs wieder ein, was er vor fast zwei Jahrzehnten mit den Troupiers in Bagdad erlebt hat. Der Professor referierte im Frühjahr 1972 vor den Militärs über die Abrüstung von Chemiewaffen. Geduldig hörten ihm die Herren Generäle zu, dann meldete sich ein hoher irakischer Generalstäbler. »Schön und gut, aber ihr Deutschen habt soviel Erfahrungen mit dem Vergasen von Juden gesammelt – das interessiert uns viel mehr. Wir möchten gerne wissen, wie man diese Kenntnisse für die Vernichtung Israels einsetzen kann«.

Kampfstoffexperte Professor Dr. Dr. Lohs, Ehrendoktor der Martin-Luther-Universität Halle-Wittenberg, Direktor der Forschungsstelle für chemische Toxikologie Leipzig der Akademie der Wissenschaften, Vorsitzender des DDR-Komitees für wissenschaftliche Fragen der Sicherung des Friedens und der Abrüstung, seit 21 Jahren an führender Stelle Mitarbeiter des Stockholmer Friedensforschungsinstituts SIPRI, Mitglied der Verhandlungskommission für eine chemiewaffenfreie Zone in Mitteleuropa, Teilnehmer an der Genfer Abrüstungskonferenz, war »schockiert«. Er informierte die DDR-Botschaft in Bagdad und das Ost-Berliner Außenministerium über die Nachfrage des irakischen Generalstabes und beschloß, nicht mehr in den Irak zu reisen. Dann habe er »die Augen verschlossen«.

Das ging nicht nur ihm so. Als blindes Gefummel im Dunkel entpuppten sich die Versuche westlicher Regierungen und Industrieverbände, den Aufbau der irakischen Kampfstoffproduktion zu verhindern. Mitte der siebziger Jahre wollten Einkäufer Bagdads erstmals eine angebliche Pestizid-Anlage zusammenkaufen. Hauptlieferant sollte die Pfaudler-US Inc. in Rochester, New York, sein. Die US-Regierung verweigerte zwar die Genehmigung für die Lieferung der Maschinen, aber die Pläne zur Herstellung der Chemikalien konnte Pfaudler loswerden. Auf der Suche nach einem Generalunternehmer klopften die Irakis bei Ferrostaal in Essen, ICI in London und bei dem italienischen Konzern Montedison an. ICI informierte die britische Regierung über die Kaufwünsche Bagdads, aber die Londoner Regierung unterließ es, die Verbündeten zu informieren.

Irgend jemand hat dann die Iraker gewarnt, und sofort änderte Bagdad seine Einkaufsstrategie. Kein Generalunternehmer mußte es mehr sein, die Araber begannen, Anlagen und Grundmaterialien in kleinen Positionen auf dem Weltmarkt zusammenzukaufen. Ein Trick, der in den achtziger Jahren zur erfolgreichen Einkaufspolitik entwickelt werden sollte. Anfang 1979 war dann, vor allem mit italienischer Hilfe, die erste »Fabrik zur Herstellung von Insektiziden« fertig. Sie steht im Nordwesten des Landes, nahe der Stadt Akashat. Die angeblich harmlose Anlage kostet rund 50 Millionen Dollar, und die Sicherheits-Aufwendungen lagen bei 60 Millionen Dollar. An der Fabrik hatten die Irakis wenig Freude gehabt. Es gab immer wieder technische Probleme, und der israelische Geheimdienst Mossad war auch nicht untätig.

Auch holländische Firmen kamen mit dem kriegführenden arabischen Land gut ins Geschäft. So erwarb ein irakischer Beauftragter über die niederländische Handelsfirma KBS bei dem US-Konzern Phillips-Petroleum für eineinhalb Millionen Mark Thiodiglycol. Die Chemikalie ist eine Schlüsselsubstanz für die Produktion von Senfgas.

Im Golfkrieg wurde der Stoff auf dem Weltmarkt plötzlich knapp, die Giftgasdepots mußten gefüllt werden. Die holländische Melchemie in Arnheim vermittelte ebenfalls die Lieferung von Kampfstoff-Chemikalien. Der italienische Konzern Montedision erklärte sich bereit, 60 Tonnen Phosphoroxidchlorid zu beschaffen. Die französische Chemiefirma Atochem lieferte schließlich den Kampfgasstoff, der über Venedig via Türkei in den Irak verschifft wurde. Die Firma Protec Immobilien, die ihren Sitz in der Nähe von Mülhausen hat, entwickelte, beraten von einem früheren Kolb-Mitarbeiter, eine Anlage zur Herstellung von Ausgangsstoffen für das Gift.

Etwa im Spätsommer 1981, ein paar Monate nach dem israelischen Angriff auf den Reaktor »Osirak« bei Bagdad, suchten Irakis bei den Experten Rat, die am meisten Erfahrung im Umgang mit Chemiekillern haben – den Deutschen.

Husseins Einkäufer sprachen bei der Karl Kolb GmbH, einem Laboratoriumsausrüster im hessischen Dreieich, vor. Die Adresse war den Irakern wohl bekannt. Über eine eigene Repräsentanz in Bagdad hatte die Firma (Werbespruch:»Serving mankind by serving science« – Im Dienste der Menschheit durch Dienst an der Wissenschaft) seit gut 30 Jahren wissenschaftliche Laborausrüstungen in den arabischen Staat verkauft.

Die Idee mit Kolb war einem irakischen Wissenschaftler gekommen, der in der Bundesrepublik Chemie studiert hat, fließend Deutsch spricht und mit einer Deutschen verheiratet ist. Der Mann heißt Amir al Saadi und ist der Ankurbler der irakischen C-Waffen- und Raketenprojekte. Als Generalleutnant hat er die Oberaufsicht über die für die Entwicklung von Kampfstoffen zuständige State Establishment for Pesticide Production (SEPP).

SEPP orderte bei der Kolb-Tochter Pilot Plant (in Liquidation seit Oktober 1985) sechs Fabriken – Mohamed, Ani, Ahmed, Ieasa, Meda und Ghasi – für den Komplex in Samarra, nördlich von Bagdad. Angeblich handelte es sich um Versuchsanlagen zur Herstellung von Pflanzenschutzmitteln gegen die Heuschreckenplage, aber sie waren auffällig groß dimensioniert. Gegen Insekten braucht man Mengen von etwa 100 Gramm je Hektar, und in Samarra sollten über die Jahre Tausende von Tonnen hergestellt werden.

Daß bei Irak-Geschäften etwas nicht stimmte, war jedenfalls in der Chemiebranche bald im Gespräch. Bei der CEM Ingenieurgesellschaft in Frankfurt wurden die Fachleute schon im Januar 1982 mißtrauisch, als die Kollegen von der Firma Karl Kolb sie baten, ihnen das Know-how für eine große Anlage im Irak zu stellen. Der CEM-Chef Joachim Schulz fragte nach Lizenzen, gewünschten Produkten, Mengen – und lehnte ab. »Für mich war völlig zweifelsfrei, da sollten Nervenkampfstoffe hergestellt werden.« Das hat er damals den Anlagebauern schriftlich gegeben. Auch die Firma Adolf Plischke aus Bad Homburg machte nicht mit. Die Fachleute kennen das Problem. »Die Teufelei des modernen Chemieanlagebaus«, erklärt der Leipziger Chemieprofessor Lohs, besteht darin, »daß man sich zum Beispiel für die Herstellung von Pestiziden Anlagen auf dem Weltmarkt zusammenkauft«, die dann für die C-Waffen-Kampfproduktion umgerüstet werden können.

Schon in Standardapparaturen, erklärte Professor Hansjörg Sinn, geschäftsführender Direktor des Instituts für Technische und Makromolekulare Chemie der Universität Hamburg dem SPIEGEL, lassen sich Pflanzenschutzmittel, aber auch Nervengas herstellen.

Sinn: »Das Ausgangsmaterial ist immer das gleiche: Es ist das Phos-
phorpentasulfid, ein anorganisches Material, das kann man überall in
der Welt in Fässern kaufen. Dann nimmt man ganz ordinären Alkohol,
den kann man auch überall in der Welt kriegen, das wird nun gekocht
und dann ensteht eine Verbindung, die hat schon alle Charakteristiken
eines Phosphorsäureesters. In eine solche Mischung wird dann Chlor
eingeleitet. Und wenn man diese Verbindung nimmt und eine Doppel-
bindung (Bezeichnung für eine energiereiche chemische Bindung zwischen zwei Atomen) anlagert, dann hat man schon ein Insektizid. Es
ist sicher auch nicht schwierig, fünf Tonnen Chloressigsäure irgendwo
zu kaufen und diese Verbindung mit Chloressigsäurechlorid umzuset-
zen, und dann haben Sie, je nachdem, wie Sie die Seitenketten modifi-
zieren, ganz nach Wunsch, entweder zehn Tonnen vom Insektizid oder
vom Nervengift.«

In Samarra ging es um andere Kaliber. Geschützt von einem
dichten Raketengürtel, wurde in der Wüste ein riesiger Komplex hochgezogen. Viele Firmen kamen ins Geschäft. Die
Firma »Rhema Labortechnik GmbH« aus Hofheim im Taunus
erhielt von der Karl Kolb GmbH den Auftrag, zwei »sogenannte Inhalationssysteme für toxikologische Untersuchungen« in Samarra aufzubauen. Für erste Versuche in den Gaskammern wurden Beagle-Hunde mitgeliefert. Später schickten
die Chemiker Esel in die Kammern. Schließlich wurde getestet, wie iranische Kriegsgefangene auf die Behandlung mit
Nervengas reagieren. Rhema hat das Millionengeschäft nicht
vor dem Ruin bewahren können. Am 30. November 1989
wurde unter dem Aktenzeichen 81N79/89 beim Amtsgericht
Frankfurt das Konkursverfahren eingeleitet. »Wie hält man das
aus?« fragt ein Fahnder einen der mehr als hundert deutschen
Techniker. »Man mußte zynisch sein oder weggucken«, hat der
Mann geantwortet. Auch sei die Auslands- und Gefahrenzulage »nicht zu verachten gewesen.«
    »Jeder hat gewußt, um was es ging«, sagt der Ingenieur Hans
Dörflein, der 1983 vor Ort war. »Überall hingen Schutzausrüstungen.« »Was macht Ihr hier?« wollte er nach seiner Ankunft
wissen. »Wir stellen Mittel gegen Ungeziefer her«, antwortete
einer. »Gegen Wanzen, Flöhe, Heuschrecken, Perser, Israelis.«
    Im März 1984 lancierte der US-Geheimdienst CIA Meldun-
gen in die Öffentlichkeit, in Samarra würden auf deutschen
Anlagen Nervenkampfstoffe hergestellt.
    Im Mai erschienen CIA-Agenten im Bonner Wirtschaftsmi-
nisterium, um ihren Verdacht mit einer Ton-Bild-Schau zu

erhärten. Die Bonner fanden das nicht sehr überzeugend. So behaupteten die Amerikaner, die Giftgasfabriken in Samarra reichten sechs Stockwerke tief unter die Erde. Doch mit Fotos konnten sie nicht dienen. Da winkten die Bonner ab, kein Beweis.

Die Amerikaner hatten mit Hilfe von Satelliten auch ausgemacht, daß die Abfüllstation für Giftgasgranaten zwei Kilometer von der angeblichen Produktionsstätte liege. Das erschien den Ministerialen nicht glaubhaft, »weil ein solcher Standort Transporte nötig macht, die für die irakischen Soldaten gefährlich« wären.

Der damalige FDP-Wirtschaftsminister Martin Bangemann machte hinter den Vorwürfen eine amerikanische Intrige aus. Die »New York Times« zitierte einen Bangemann-Mitarbeiter, der dem amerikanischen Publikum klarmachte: »Demnächst sollen wir wohl auch noch den Export von Hämmern unterbinden, weil irgend jemand sie nutzen könnte, anderen damit auf den Kopf zu schlagen.«

Der moralische Schizo ist in diesem Millionenspiel die Norm, doch individuelle Kritik zielt leicht ins Leere. Sie hat Charaktere im Blick, wo gar keine vorauszusetzen sind. Dieses Gewährenlassen hat mannigfache Wurzeln. Die Kaufleute setzten früh auf die Abstumpfung, begannen einen Zermürbungskrieg, rückten eng zusammen. Mit Schwaden von Schutzbehauptungen deckten sie den Morast zu – von »Konkurrenzneid« und einem »Ende jeden Exports« war bei Politikern vom Schlage Bangemann die Rede.

Während des Golfkrieges lieferte der Kaufbeurer Unternehmer Anton Eyerle, ein ehemaliger NPD-Politiker, dem Irak Ausrüstungen für fahrbare toxikologische Labors. Die Fahrzeuge kamen von Magirus-Deutz. Ein Chemiker bei der Karl Kolb GmbH half beim Einbau der Laboreinrichtungen. Experten der Bundeswehr besichtigten die fertigen Fahrzeuge.

Was in Samarra und anderswo passierte, ist nicht nur der Fall Kolb. Es geht um die Nachlässigkeit und das Versagen der Politiker, gleich welcher Couleur (wenn auch die FDP eine spezielle Vereinigung ist).

Gewiß, auch die Kontrolle hat versagt, aber das war politisch gewollt. Zwei sogenannte Fachleute, Klaus-Dieter Haferkamp vom TÜV Rheinland und Hans Ruck vom Bundesaufsichtsamt für Wirtschaft in Eschborn, wurden 1984 nach Samarra geschickt. Beide durften zwei Anlagen inspizieren. Eine Farce. Nach der Rückkehr durfte Ruck nur über die Prüfungen aussagen, die er in Deutschland gemacht hatte, der Mann vom TÜV fand die Sicherheitsstandards ungeeignet für eine Kampfstoffabrik. Sein Fazit: Es handele sich um Mehrzweckanlagen für die Herstellung von Pestiziden. Ruck fühlt sich heute »reingelegt«. Ihm seien nicht die vollständigen Unterlagen gezeigt worden, beschwert sich der BAW-Beamte. Er wird in einem Prozeß Zeuge der Anklage sein.

BAW-Referent Ruck ist heute verbittert. Er fühlt sich nicht nur von Kolb reingelegt. Bis zu 80 Arbeitstage im Jahr verbrachte Samarra-Inspekteur Ruck, gelernter Diplomchemiker, auf Bonner Weisung bei internationalen Konferenzen. Derweil staute sich daheim die Arbeit. Gerade mal zweieinhalb Sachbearbeiter waren beim Bundesaufsichtsamt damit beschäftigt, die rund 120 000 Meldungen über Einfuhren von radioaktiven Stoffen wie Kobalt 60 und Tritium durchzuschauen. Ruck, zuständig für alle heiklen Chemie- und Atomgeschäfte, klagte, »die Belastungen« seien »manchmal kaum noch zu ertragen« gewesen. Sein Chef, BAW-Präsident Hans Rummer, der sich immer an die Bonner Vorgaben einer möglichst schnellen und reibungslosen Abwicklung hielt, versteht von solchen Technologie-Exporten »als Jurist nichts«. Dafür gebe es einen Referenten: »Das ist unser Dr. Ruck.« Seit Jahren zieht der Referent als Zeuge durch die Gerichtssäle und vor Ausschüsse, ein Staatsanwalt blaffte ihn jüngst wegen seiner Samarra-Expertise als »jämmerliche Gestalt« an, doch es trifft den Falschen. Schuld an dem Desaster sind eher Figuranten wie Rummer, die dozieren, ihre Kontrollstelle sei das »Bundesamt *für* Wirtschaft«, nicht gegen die Wirtschaft oder auch die Regenten in Bonn. »An scharfen Kontrollen«, erklärt Lorenz Schomerus, Abteilungsleiter im Bundeswirtschaftsministerium, freimütig, »gab es kein Interesse.«

In Bonn sind die Rollen gut verteilt. Das Bundeswirtschaftsministerium übernimmt nach außen die Rolle des Bösewichts, der vieles erlaubt, weil die Wirtschaft ja brummen muß. Das Außenministerium hingegen äußert Verständnis für die Beschwerden aus dem Ausland, kann aber, leider, in der Regel gegen die Wirtschaftslobby nichts ausrichten. Daß da mit gezinkten Karten gespielt wird, veranschaulicht das Beispiel Bagdad. Der Bonner Mission im Irak müßte eigentlich früh bekannt gewesen sein, was in Samarra lief.

Bereits im Mai 1982 hat ein Techniker des Hannoveraner Preussag-Konzerns der deutschen Botschaft in Bagdad den Tip gegeben, in der Anlage solle eines Tages Giftgas hergestellt werden. Sein Besuch in der diplomatischen Vertretung hatte durchschlagenden Erfolg. Als der Preussag-Mann einen Monat später auf Heimaturlaub weilte, bekam er überraschend die Kündigung. »Mein Hinweis«, so der Ex-Preussag-Angestellte, »traf offenbar ins Schwarze.«

Nach der US-Intervention in Bonn befürchteten die Kolb-Leute Luftangriffe der Israelis auf die Anlage in Samarra. Der Ernstfall wurde im Bunker geprobt, gemeinsam mit den Diplomaten wurden Evakuierungspläne erörtert. Diskutiert wurde, wer denn für die Handlanger in Samarra, beispielsweise eine Gruppe von DDR-Technikern, zuständig sei. Nach Konsultationen zwischen Bagdad und Bonn erklärten bundesdeutsche Diplomaten vor Ort, sie seien für die DDR-Monteure nicht verantwortlich. Die Alt-DDR spielte, obwohl in viel geringerem Umfang als die Bundesrepublik, bei der chemischen Aufrüstung des Irak eine Rolle. So baute die Nationale Volksarmee (NVA) beispielsweise Anfang der achtziger Jahre bei Bagdad ein Manöverfeld für atomare, chemische und biologische Waffen. Vorbild für die Anlage war der größte ABC-Waffen-Übungsplatz im brandenburgischen Storkow. Kommandotürme zum Ausbringen von radioaktiver Gammastrahlung, Spezialgebäude und Gleisanlagen für die Entseuchung von Fahrzeugen sowie ein Schießfeld mit Hausattrappen gehörten dazu. Kampfstoffexperten der DDR wie der Leipziger Professor Lohs haben »davon nichts gewußt«. Das »wahre Ausmaß der Forschung in unserem Land« sei ihm stets unbekannt geblieben. Erst nach der Wende habe er erfahren, daß beispielsweise die »Ultragiftlabors der DDR völlig überdimensioniert« gewesen seien. Die »Wissenschaft und ich als Akademieforscher sind als Aushängeschild zur geschickten Tarnung mißbraucht worden«. Die Militärs hätten ihm »nett Kaffee, aber nicht die Wahrheit serviert«. Eigentlich hätte Lohs die Wahrheit kennen müssen. Aber der Professor hat offenbar, wie viele seiner Landsleute in Ost und West, manches verdrängt. Je deutlicher die Ermittlungen die Verstrickung der Deutschen in die Aufrüstung des Arabers Hussein machen, desto blamabler wird die Affäre für die Bundesregierung. In Bonn wurde die Existenz solcher Nervengas-Anlagen jahrelang mit erstaunli-

cher Chuzpe bestritten, jetzt beginnt auch bei den Beschuldig-
ten der Prozeß der Achtelgeständnisse.

In der Frankfurter Untersuchungshaft räumte der frühere
Pilot-Plant-Ingenieur Ewald Langer im Herbst ein, daß schon
Mitte der achtziger Jahre Zwischenprodukte für Kampfstoffe in
Samarra produziert worden sind. Vor allem eine Fabrikations-
anlage sei ständig umgebaut worden. Mit ein paar Veränderungen tauge sie zur Herstellung von Nervenkampfstoffen. Allerdings sei der Gesamtkomplex für so etwas »nicht besonders
konstruiert« worden – Feinheiten, die für den drohenden Prozeß von Bedeutung sind.

Denn für die Strafbarkeit der Exporte ist es nach den Vorschriften des Außenwirtschaftsgesetzes wichtig, ob die Exporteure die kriegerische Verwendung ihrer Produkte einfach igno-
rierten, ob sie davon wußten oder sie gar beabsichtigten. Der
juristische Stellungskrieg hat längst begonnen, Bonn muß
fürchten, sich erneut zu blamieren. Lange war der Export von
Laboranlagen nicht genehmigungspflichtig; am 6. August 1984
versuchte die Bundesregierung, die Gesetzeslücke im Eilver-
fahren zu schließen. Das Kabinett verschärfte die Exportrichtli-
nien für Anlagen, Geräte und Chemikalien, die sich zur Herstellung und Erprobung von chemischen Kampfstoffen miß-
brauchen lassen. Doch leider waren die Minister in den Som-
merferien, und ihre in Bonn gebliebenen Stellvertreter hätten
den Erlaß eigentlich nicht unterzeichnen dürfen. Falls es dennoch zum Prozeß kommt, ist ein langwieriger Sachverständi-
genstreit in Sicht. Wichtigster Gutachter der Staatsanwaltschaft
ist der Schweizer Wissenschaftler Werner Richarz, Dekan an
der Eidgenössischen Technischen Hochschule Zürich. Der Wissenschaftler kam in seiner 50-Seiten-Analyse zu dem eindeuti-
gen Schluß, daß die von den Deutschen gelieferten Chemiefabriken für die Produktion von Lost, Blausäure und Tabun
besonders konstruiert worden seien. (Siehe Seite 42 ff.)

Als Gutachter hatte auch die Verteidigung einen Wissenschaftler von Format gewonnen: Karlheinz Lohs aus Leipzig.
Doch Lohs, der sich um die chemische Abrüstung so verdient
gemacht hat, gab den Auftrag wieder zurück. Fünf Tage vor
Kriegsbeginn am Golf notierte er: »Meine Entscheidung war
richtig, nicht für die Verteidigung von Firmen tätig zu sein, die
ins Irak-Geschäft verwickelt waren beziehungsweise sind.«

Die flotten Jungs vom BND

Ihrer Eigenwerbung zufolge betrieben die Manager der Water Engineering Trading GmbH (W.E.T.) den »Ein- und Verkauf von Waren aller Art – mit Ausnahme erlaubnispflichtiger«. Doch allzu genau haben sie das nicht genommen. Am 17. August 1990 wurden drei Water-Manager verhaftet. Die Fahnder der »Sonderkommission Irak« des Kölner Zollkriminalinstituts (ZKI) rückten bei den Kaufleuten Peter Leifer, Reinhold Otto Krauskopf sowie dem Deutsch-Iraker Nazar Al Kadhi an. Die früheren Preussag-Mitarbeiter sollen dem Saddam-Regime Waren verkauft haben, die sie nicht hätten liefern dürfen.

Der Diktator ließ von W.E.T. tonnenweise Chemikalien wie Methylenchlorid und Natriumfluorid herbeischaffen, sie sind zur Produktion von Tabun unverzichtbar. 1986 wurde zum Preis von knapp zwanzig Millionen Mark eine Fabrik zur »Produktion von Pestiziden« ins militärisch streng abgeschirmte Falludscha gebracht (Projekt 33/85). Zwei Anlagen werden hochgezogen: Eine für die Produktion von Phosphortrichlorid (PCI_3) und eine für Phosphoroxidtrichlorid ($POCI_3$). Die beiden Chemikalien sind Ausgangsstoffe für Tabun und Sarin. Der geplante Tagesausstoß liegt bei 17,6 Tonnen. Wann immer die W.E.T.-Leute nach Bagdad kamen, wartete bereits ungeduldig ein Empfangskomitee. So wurde Mitte März 1987 eine vierköpfige W.E.T.-Delegation von 14 irakischen Projektmanagern zu einem viertägigen Treffen empfangen.

In der Untersuchungshaft Hanau packte im September 1990 der frühere W.E.T.-Gesellschafter Peter Leifer aus. Er räumte erstmals ein, daß die von W.E.T.-Leuten gelieferten Anlagen für militärische Zwecke bestimmt waren. Da kam neben der Fabrik noch manches zusammen: Eine gewichtige Rohrverschraubungsanlage vom Kaliber 122,4 beispielsweise hat nur einen einzigen Zweck. Die Greifer transportieren Granaten oder Bomben des Kalibers 122 und nichts anderes. Ein sieben

Water Engineering Trading GmbH
Huetten 86 · 2000 Hamburg 36 · Federal Republic of Germany

Water Engineering Trading GmbH · Huetten 86 · D-2000 Hamburg 36

MINISTRY OF INDUSTRIES
STATE ORGANIZATION FOR
CHEMICAL INDUSTRIES
SEPP

BAGHDAD/IRAQ

Telephone: 34 29 64
Telex: 217 30 43

Bank Accont: 3953 486
Deutsche Bank
BLZ: 200 700 00

Your Rel./Ihr Zeichen   Your letter of/Ihre Nachricht vom   Our Rel./Unser Zeichen

Hamburg,
30. April 1985

Sir,

in accordance with your requirements we herewith submit
our Quotation Number 33/85 for supply and erection of one
chemical PlaNT FOR PROCESSING Pesticide as follows:

PC   Chemical Plant for processing Pesticide
      (for example PCL³ in industrial quality)
      with a capacity of approximately 3.875 t/year=
      17,6 tons per day during 24 hours, based on
      about 220 working-days per year.

      PCL³ made out of CL² (gaseous) and P (white
      phosphorus) in solid, unmelted matter.

      Processing Plant similar to flowsheet 102/485.

      Covering:

      A - 1   all the machines, apparatus, regu-
               lating devices etc., by means of a
               turn-key installation, including the
               steel-construction for the whole pro-
               cessing plant area.

        - 2   the complete equipment for the sto-
               rage of the raw materials (P and
               CL³) and also the final product(PCL³).

        - 3   the complete equipment for feeding and
               dosing of the raw materials into the
               plant.

        - 4   water cooling equipment including the
               tower for re-cooling water and exhaust
               air with the necessary fan.

                                    CTD. Page 2

Managing-Director: R. Krauskopf · Registered: Hamburg HRB B 32 783

Projekt 33/85 für Falludscha

38

Millionen Mark teures Gerät, offensichtlich zum Füllen der Giftgranaten entwickelt, wurde als Kühlcontainer für Milchpulver deklariert. Die Hamburger Kaufleute waren geschäftstüchtig. Als die Staatsanwaltschaft anrückte, schaffte ein W.E.T.-Mitarbeiter ein Doppel der Akten beiseite und deponierte es bei einem Hamburger Bekannten als Alterssicherung. Die Pläne wurden im Frühjahr 1990 der libyschen Botschaft in Bonn angeboten. Beamte des Kölner Bundesamtes für Verfassungsschutz observierten die Verhandlungen und verhinderten den Verkauf.

Eine der größten Affären der Nachkriegszeit kommt in die Schlußphase, und es geht längst nicht mehr nur um schmutzige Geschäfte ohne Moral. Der Giftgas-Skandal hatte ebenso wie vor fast zwei Jahren der Imhausen-Fall im libyschen Rabita eine politische Dimension. Die Bundesregierung hat sich blamiert, und der Bundesnachrichtendienst (BND) hat sich gründlich verheddert. Denn die Pullacher Behörde warb 1986 Leifer als Mitarbeiter an. Zu diesem Zeitpunkt waren dubiose Irak-Geschäfte des W.E.T.-Mannes schon aktenkundig.

Fast zwei Jahre lang, so räumt die Behörde ein, habe der Exporteur seine Irak-Kenntnisse beim BND abgeliefert. Erst vier Monate nach Einleitung eines Ermittlungsverfahrens im Jahre 1987 wurde er aus der Mitarbeiterkartei gestrichen. Mehr als nur peinlich ist, daß zwei weitere W.E.T.-Leute dem Dienst halfen. Auch als die Darmstädter Staatsanwaltschaft und die »Soko Irak« des Kölner Zollkriminalinstituts (ZKI) gegen W.E.T. ermittelten, arbeitete zumindest Leifer weiter für den BND. Die ZKI-Fahnder entdeckten bei ihm eine Pullacher Durchwahlnummer, wußten aber damit nichts anzufangen und gaben die Information an den BND weiter. Der Bundesnachrichtendienst reagierte auch: Weil Leifers Berichte nicht mehr ergiebig genug waren, wurde er »abgeschaltet« (Fachjargon).

Der BND habe, erklärte ein hoher Beamter des Dienstes, Leifer gebraucht, »um Informationen zu sammeln«. Aber der »Dienst identifizierte sich nicht mit dem, was Leute außerhalb dieses Bereiches machen. Ich glaube, es ist dasselbe, als wenn wir in den KGB eindringen. Deshalb billigen wir doch nicht die Politik dieser Organisation. To penetrate for collection of information ist das Ganze.«

Mehr als eine Geheimdienstklamotte ist es, daß der Ausforschungsdienst höchste Bonner Stellen drängte, sich für den

1986 im Irak inhaftierten und zum Tode verurteilten W.E.T.-Manager Al Kadhi einzusetzen. Bundespräsident Richard von Weizsäcker schickte ein Gnadengesuch an den irakischen Staatschef. Außenminister Hans-Dietrich Genscher nutzte politische Gespräche mit dem Diktator Saddam Hussein, um für den Deutsch-Iraker um Gnade zu bitten. Der frühere Preussag-Resident hatte in der Todeszelle gesessen, weil er angeblich Gasmasken an den Erzfeind Iran verkauft hatte.

Die Vehemenz, mit der Außenminister Hans-Dietrich Genscher und Bundespräsident Richard von Weizsäcker um Al Kadhi kämpften, war nicht alltäglich. Noch während der Genscher-Visite im November 1987 wurde das Todesurteil in Lebenslänglich umgewandelt. Wenig später kam Al Kadhi frei. Bei seiner Ankunft in der Bundesrepublik wartete auf ihn nicht nur seine deutsche Ehefrau. Auch die Zollfahndung interessierte sich für den Heimkehrer und schrieb ihn zur Aufenthaltsermittlung aus.

Bei einem Prozeß kann manches zur Sprache kommen. Leifer belastet den Deutsch-Iraker. Al Kadhi, der Millionen beim Irak-Schacher verdient hat, soll der Antreiber bei den Projekten gewesen sein.

Verräterisch ist auch der Versuch des Staatsministers im Kanzleramt, Lutz Stavenhagen, die Beschäftigung der Hussein-Geschäftspartner im nachhinein zu rechtfertigen. »Informanten, die dem Bundesnachrichtendienst Erkenntnisse zugänglich gemacht haben«, so Stavenhagen am 13. September 1990 vor dem Bundestag, seien »sehr deutlich darauf hingewiesen worden, daß sie als Gegenleistung für solche Informationen nicht etwa ein Weggucken, ein Dulden, ein Billigen oder irgend etwas erwarten können«. Etwas, von dem man weggucken könnte, scheinen auch die BND-Verantwortlichen im Kanzleramt gesehen zu haben.

40

Atombombe des kleinen Mannes

Immer wieder wird von den Kriegs-Kampfplätzen der Welt über den Einsatz von C-Waffen berichtet. Nach dem Ersten Weltkrieg setzte zunächst Spanien gegen die marokkanische Unabhängigkeitsbewegung die Waffe ein, Japan versprühte 1931 den tödlichen Stoff gegen Zivilisten in der Mandschurei, Mussolinis Truppen verwendeten 1935 in Abessinien Giftgas. Im Zweiten Weltkrieg tobte der Gaskrieg hinter verschlossenen Türen – in den Gaskammern von Auschwitz, Majdanek, Treblinka. Millionen Juden, nackt und wehrlos, wurden planmäßig vergast wie Ungeziefer – die Erinnerung an das einmalige Verbrechen läßt die Weltöffentlichkeit heute noch hellhörig werden, wenn im Zusammenhang mit Deutschland, wie jetzt beim Bau der irakischen Chemiefabriken, von Kampfstoffproduktion die Rede ist. Nach dem Krieg ließ schon Mitte der sechziger Jahre Gamal Abd el-Nassr seine Luftwaffe Gaseinsätze gegen jemenitische Royalisten fliegen. Die Ägypter haben eine Giftgasfabrik mit Schweizer Beteiligung gebaut, auch Syrien und Libyen sind in der Lage, industriell große Mengen von Giftgas für den Kriegseinsatz zu produzieren.

Spezialeinheiten des libyschen Revolutionsführers Muammar el Gaddafi setzten bei der Verteidigung des Luftwaffen-Stützpunktes Maatin el-Sara vor angreifenden Truppen aus dem Tschad Giftgas ein. Kurz darauf kam von libyscher Seite noch einmal Giftgas im von Gaddafi besetzten Avzon-Streifen im Norden des Tschad zum Einsatz. Das Gerücht, Sowjets und Vietnamesen versprühten in Afghanistan, Laos und Kambodscha giftigen »gelben Regen«, hat sich trotz heftiger Bemühungen des State Departments in Washington nicht verifizieren lassen. Mit ihren tödlichen Geschwadern stoppten die Iraker im Golfkrieg die iranischen Sturmtrupps. Das zweite Ziel der irakischen Gasangriffe war die eigene Bevölkerung – Zivilisten der kurdischen Minderheit, an der Saddam grausam Rache nahm, weil kurdische Freischärler mit dem Iran gegen sein Land kämpften. Vermutlich ließ er 1983 bei den ersten Angriffen altes Wehrmachtgas einsetzen, das die Sowjets 1945 aus den schlesischen Depots der Nazis als Kriegsbeute mitgenommen hatten. Der Stoff ist dann über Ägypten in den Irak gelangt. Bei den Einsätzen 1987 soll Nervengas aus den Anlagen in Samarra eingesetzt worden sein. Wie sehr die arabischen Länder an schmutzigen Massenvernichtungswaffen interessiert sind, zeigte sich auf der Pariser Konferenz zur Ächtung chemischer Waffen. 146 Staaten sprachen sich dafür aus, die C-Waffen zu eliminieren, selbst keine Waffen dieser Art zu verwenden und jeden Einsatz zu verurteilen. Unter Beteiligung Ägyptens sperrten sich die arabischen Staaten unisono gegen die angestrebte Ächtung. Die arabischen Politiker argumentierten, nur der Besitz der »Atombombe des kleinen Mannes« schaffe einen Ausgleich gegen die atomare Übermacht Israels.

Gutachten zur Verfahrenstechnik der Anlagen in Samarra/Irak (Auszüge)

von Prof. Dr. W. Richarz, ETH-Zürich, 19. Juli 1990

Anlage AHMED

Beschreibung der Anlage und Verfahrensfließbild

Die Anlage AHMED I ist als »Universal Reaction Unit« bezeichnet und besteht aus einem Rührkesselreaktor mit einem Heiz- und Kühlsystem. In den Reaktor können Flüssigkeiten, Gase (speziell HCl) und feste Chemikalien zugegeben werden. Durch eine aufgesetzte Destillationskolonne können bei Vakuum oder Normaldruck flüchtige Komponenten abgetrennt und in verschiedenen Vorlagen aufgefangen werden. Ein Feststoff/Flüssigkeitsgemisch kann als Bodenprodukt abgezogen und in einer gasdicht geschalten Zentrifuge aufgetrennt werden. Das feste Produkt kann in Fässer abgefüllt, das flüssige Produkt in das Tanklager gepumpt werden.

Beurteilung bezüglich Herstellung von Pestiziden

Es stellt sich die Frage, ob die Anlage AHMED zur Herstellung von Pestiziden geeignet ist. Nimmt man als Beispiel die Herstellung von Oftanol nach Schröder/Hoffmann so kann gesagt werden, daß die chemischen Umsetzungen sehr wohl im Reaktor 004 der Anlage AHMED durchgeführt werden können, doch fehlen dann vor allem Phasenseparatoren, um das Zweiphasengemisch aufzutrennen. Es könnte aber wie folgt, etwas umständlich, gearbeitet werden:

Das flüssige Phosphorsulfochlorid wird zu vorgelegtem Ethanol gepumpt und anschließend Wasser zugegeben. Die Phasentrennung müßte im Reaktor erfolgen, das heißt die schwere Phase (Wasser mit HCl gelöst) wird zuerst abgezogen durch die Pumpe 023 und in der Tankfarm neutralisiert mit NaOH. Die leichte organische Phase wird im Reaktor mit Salicylsäureester umgesetzt und wieder Wasser zugepumpt. Die schwere wässerige Phase wird wieder abgezogen und die organische Phase (gemischtes Thiophosphorsäurechlorid bleibt im Reaktor und wird mit Isopropylamin und NaOH reagieren gelassen. Nach der Reaktion wird Wasser zugegeben, die wässerige Phase wieder unten abgezogen und der Wirkstoff durch Destillation vom Lösungsmittel befreit.

Auf ähnliche Weise ist die Herstellung von Parathion etc. und von Nemacur möglich. Da eine Feststoffzugabe zum Reaktor vorgesehen ist, wären auch Pestizide mit festen Edukten synthetisierbar.

Das Fehlen einer Phasentrennvorrichtung am Reaktor-Bodenauslaß deutet aber darauf hin, daß AHMED mit großer Wahrscheinlichkeit nicht für die Herstellung moderner Pestizide in einem kontinuierlichen Verfahren konzipiert worden war. Aus wirtschaftlichen Gründen ist eine diskontinuierliche Produktion von Pestiziden jedoch wenig sinnvoll.

Beurteilung bezüglich der Herstellung von chemischen Kampfstoffen

Für die diskontinuierliche Produktion von TABUN ist die Anlage AHMED, von der Konzeption her gesehen, gut geeignet:

Die Reaktion von Phosphoroxychlorid mit gasförmigem Dimethylamin oder fest zugegebenem Dimethylaminhydrochlorid bei 110–130 °C zum »Produkt 39« oder »X-Compound« ist im Reaktor 004 gut durchführbar. Überschüssiges Phosphoroxychlorid wird in der Kolonne 007 abdestilliert, und »Produkt 39« im Reaktor unter Zugabe von flüssigem Chlorbenzol und Aethanol sowie festem Natriumcyanid zu TABUN umgesetzt, wobei Kochsalz ausfällt. Das Reaktionsgemisch wird in der Zentrifuge 025 aufgetrennt, und das feste Kochsalz, das noch NaCN und TABUN enthält, in der Zentrifuge mit wässeriger NaOH zur Vernichtung des TABUN's behandelt und dann einer Deponie zugeführt. Das Filtrat aus der Zentrifuge besteht aus Chlorbenzol und TABUN und kann direkt gelagert oder in Bomben oder Granaten abgefüllt werden. Die Anlage AHMED wurde Juli/August 1984 fertiggestellt.

Die für die TABUN-Synthese benötigten Chemikalien sind geliefert worden: der Zeuge Jammersheim berichtet, daß der Kunde POCl$_3$ in die Anlage geschafft habe und daß er Lager von Chlorbenzol, Thionylchlorid, Phosphoroxychlorid und Aethanol gesehen habe. Ebenso berichtet der Zeuge Krautwurst (Hoechst) von PCl$_3$-Lieferungen (LOST) und POCl$_3$-Lieferungen (TABUN) im November 1984 und Januar 1985.

Viel einfacher kann in der Anlage AHMED aber LOST produziert werden: Gasförmiges Aethylen und Chlor werden zu vorgelegtem Wasser gegeben und Aethylenchlorhydrin gebildet, das anschließend mit Schwefelwasserstoff zu Thiodiglykol reagiert. Dieses wird wiederum, ohne den Reaktor zu verlassen, mit Thionylchlorid oder PCl$_3$ zu S-Lost umgesetzt. Im BMO 403/9 ist auch ein Telex der PREUSSAG vom 30. 4. 1982 an Al Khadi, wonach ein Lieferant für größere Mengen Thiodiäthanol = Thiodiglykol gefunden wurde. Dies läßt den Schluß zu, daß SEPP an eine LOST-Produktion direkt ausgehend vom Thiodiglykol gedacht hat. Vom Zeugen Reichlin wurden zudem Thionylchlorid-Fässer gesehen. Demnach wurde in der Anlage AHMED LOST produziert.

Damit deckt sich auch, daß Dr. Ruck nach seinem Besuch in Samarra wußte, daß Dr. Spiess um Lieferung von Thiodiglykol angefragt werden würde.

Die Anlage AHMED ist somit für die Herstellung von chemischen Kampfstoffen ohne Zweifel geeignet.

Anlage ANI

Beschreibung der Anlage und Verfahrensfließbild

Die Anlage ANI besteht aus zwei identischen Reaktions- und Destillationsstraßen, mit einem gemeinsamen Gaswaschsystem. Jede Straße weist einen heiz- und kühlbaren Reaktor auf, in welchen Flüssigkeiten sowie Gase (speziell Luft zu Rührzwecken) gepumpt werden können. Im Gegensatz zum Reaktor AHMED besitzt er nur einen Bodenauslauf für flüssige Produkte. Über eine aufgesetzte Destillationskolonne können flüchtige Produkte bei Normaldruck oder Vakuum abdestilliert werden. Flüssige Produkte werden in Vorlagen aufgefangen und können zum Teil wieder in den Reaktor zurückgeleitet werden. Gasförmige Produkte werden in einem Absorber mit einer Waschkolonne ausgewaschen oder direkt in die Atmosphäre abgeleitet. Ein eigentliches Phasentrenngefäß für ein Destillationsprodukt, das in der Kälte zweiphasig wird, ist nicht vorgesehen, doch können in den beiden Vorratsgefäßen 014, die mit Standanzeigern ausgerüstet sind, zweiphasige Produkte aufgetrennt werden.

Die Anlage wurde am 31. März 1986 nach einem Probelauf mit Chlorbenzol abgenommen.

Beurteilung bezüglich Herstellung von Pestiziden

Es stellt sich die Frage, ob in der Anlage ANI Pestizide nach dem Rezept von Schröder/Hoffmann hergestellt werden können. Stufe 1:

Der Reaktor ist für die Stufe 1 (Umsetzung von Phosphorsulfochlorid mit Ethylalkohol unter Abspaltung von HCl zum o-Ethylthiophosphorsäuredichlorid) geeignet. Nicht umgesetzter Alkohol oder $PSCl_2$ können abdestilliert werden. Das Waschen des Reaktionsprodukts mit Wasser kann in einem Lagertank mit Rührwerk resp. direkt noch im Reaktor (allerdings keine Wasserzuleitung vorgesehen) erfolgen. Zum anschließenden Trennen der beiden Phasen ist kein Phasenseparator vorgesehen (der Separator ist nur für das Kopfprodukt einer Destillation geeignet); die Trennung könnte unter großem Aufwand wiederum in einem Lagertank mit Standanzeige geschehen.

Stufe 2:
Die leichte Phase aus Stufe 1 muß wieder in den Reaktor gepumpt werden. Die Reaktion der Stufe 2 (Umsetzung von o-Ethylthiophosphorsäuredichlorid mit einem substituierten Phenol zum o-Ethly-o-Aryl-Thiophosphorsäurechlorid unter Produktion von HCl und unter Zugabe von NaOH und H_2O) kann im Reaktor erfolgen. Anschließend muß wieder eine Phasentrennung geschehen. Über deren Durchführung gelten die unter Stufe 1 genannten Hinweise.

Stufe 3:
Die leichte Phase aus Stufe 2 muß wieder in den Reaktor gepumpt werden. Die Reaktion der Stufe 3 (Amidierung des Säurechlorids mit einem Isopropylamin unter Zugabe von Toluol und NaOH sowie Bildung von HCl) kann im Reaktor erfolgen. Es muß wiederum eine Phasentrennung gemacht werden, und die leichte Phase wird durch Destillation aufgetrennt. Das Lösungsmittel Toluol wird über Kopf abgezogen, das Bodenprodukt ist der gewünschte Wirkstoff. Die Destillation könnte nach dem Rückpumpen der leichten Phase in dem Reaktor erfolgen.

Stufe 4: Synthese von Parathion, Folithion und Lemacid.
Der Reaktor ist geeignet für die Umsetzung eines O-Dialkyl-Thiophosphorsäurechlorids mit einem subst. Phenol unter Zugabe von NaOH und Wasser, Kochen am Rückfluß und Absaugen der gebildeten Salzsäure. Es fehlt wiederum das anschließende Phasentrenngefäß. Die Destillation (Kopfprodukt = Lösungsmittel aliphat. Keton, Bodenprodukt = Wirkstoff) kann nach Rückpumpen in den Reaktor erfolgen.

Stufe 5: Synthese von Nemacur.
Im Reaktor kann die Umsetzung von o-Ethylphosphorsäuredichlorid Thiokresol (p-Methylmerkaptometakresol) in Tuluol als Lösungsmittel und unter HCl-Abspaltung durchgeführt werden. Nach der Zugabe von verdünnter NaOH folgt ohne Phasentrennung in der

Stufe 6:
die Amidierung der verbleibenden Säurechloridgruppe mit Isopropylamin. Jetzt geschieht erst die Phasentrennung und

anschließende Destillation. Als Kopfprodukt gehen Toluol und Wasser über; das Bodenprodukt ist der Wirkstoff Nemacur. Über die Phasentrennung und die Destillation gilt das oben Gesagte.

Beurteilung:
In der Anlage ANI ist mittels einer komplizierten Fahrweise die Herstellung von Wirkstoffen möglich. Wegen des fehlenden Separators und einer Leitung vom Bodenauslaß des Reaktors zum Separator ist sie mit großer Wahrscheinlichkeit nicht für eine solche Produktion geplant worden. Aus wirtschaftlichen Überlegungen hätte man die Anlage sinnvoller konzipieren müssen, wenn man Pestizide produzieren wollte.

Beurteilung bezüglich der Herstellung von chemischen Kampfstoffen

Läßt sich in der Anlage ANI nach Collomp diskontinuierlich Tabun, Sarin oder Soman herstellen?

Zur TABUN-Herstellung:
PHASE 1:
In der ersten Stufe wird im Reaktor im vorgelegten flüssigen Phosphoroxychlorid $POCl_3$ gasförmiges Dimethylamin eingeleitet (Kühlen, exotherm). Beim anschließenden Erhitzen spaltet sich Salzsäure-Gas ab, welches durch die Destillationskolonne abgezogen und im Waschturm in der umgepumpten Natronlauge absorbiert wird. Das entstehende Gemisch im Reaktor, bestehend aus Phosphorsäuredimethylamid-Dichlorid (X-Komponente oder Produkt 39) und überschüssiges $POCl_3$ wird destilliert und man erhält zuerst 35 % unverbrauchtes $POCl_3$, anschließend als zweite Fraktion 60 % X Komponente und 5 % Destillationsrückstand. Die beiden Fraktionen des Destillats werden in den beiden Vorlagen getrennt aufgefangen.

PHASE 2:
Für die TABUN-Produktion fehlt in den Plänen und in der Apparatebeschreibung (BMO 323) eine Vorrichtung, um feste Chemikalien einzubringen; in der Betriebsanleitung von Langer ist von einer Feststoff-Fördereinrichtung die Rede, die offensichtlich später eingebaut worden ist.

Auch in den Elektroplänen von Wegener wird auf eine nachträglich eingebaute Förderanlage hingewiesen. Die Verdrahtungspläne datieren vom 28. 3. 86, während alle anderen Pläne von 1984 sind.

Herr Langer schreibt im Brief vom 15. 3. 86 an Bartkowiak, Elies und Müller, daß der Kunde SEPP eine umfangreiche Feststoff-Eindosierung selbst eingekauft hat. Die bei MOHAMED vorhandene Feststoffzugabe-Vorrichtung kann bei ANI montiert worden sein oder eine geeignete Vorrichtung wurde selbst gebaut (nach Vorbild MOHAMED). Zudem kann auch die Förderschnecke der Anlage IESA hier montiert worden sein. Ebenso wird in einer Auftragbestätigung von Schmitz & Co, Leverkusen an Neuberger vom 20. 5. 85 auf eine Feststoff-Förderanlage hingewiesen.

Zusammenfassend kann hierzu festgestellt werden, daß die Lieferungen der Firma Pilot Plant und womöglich Neuberger passende Feststoff-Fördereinrichtungen beinhalten.

Mit dieser nachträglich eingebauten Feststoff-Fördereinrichtung wird nun in der Stufe 2 festes Natriumcyanid NaCN in vorgelegten Aethylalkohol als Reaktionspartner und Chlorbenzol als Lösungsmittel eingebracht und dann aus der Vorlage die X-Komponente aus der Phase 1 zudosiert. Das entstehende HCN-Gas wird abgesogen. Das Reaktionsgemisch, welches festes überschüssiges NaCN, gebildetes NaCl und in Chlorbenzol gelöstes Tabun enthält, wird nun in einer Filtervorrichtung aufgetrennt. Das Filtrat kann durch Rückpumpen in den Reaktor und anschließende Destillation aufgetrennt werden: 1. Fraktion Chlorbenzol, 2. Fraktion Tabun.

Diskussion:

In Verbindung mit der Filtereinrichtung der Anlage MEDA kann in der Anlage ANI diskontinuierlich Tabun produziert werden. Ohne Filtereinrichtung kann aber auch wie folgt gearbeitet werden:

Das Produktegemisch der Phase 2 wird nicht aus dem Reaktor entfernt, sondern es wird direkt fraktioniert destilliert. Es geht zuerst Chlorbenzol über (bei 31–32 °C und 14–16 Torr), anschließend Tabun bei 120 °C und 10 Torr). Das zurückbleibende Salzgemisch ist wasserlöslich und könnte aus dem Reaktor ausgewaschen werden. Verbleibendes Tabun im Salz kann mit Wasserdampf abdestilliert resp. unter NaOH-Zugabe hydrolysiert werden.

Diese etwas komplizierte Arbeitsweise fällt aber dahin, wenn die Zentrifuge der Anlage MEDA oder die ganze Anlage MEDA an ANI angebaut worden ist, das heißt durch Anbau von Teilen von IESA (Feststoffzugabe) und MEDA (Zentrifuge) ist ANI sehr gut zur Herstellung von TABUN geeignet.

Die vielen Hinweise auf Chemikalien, die bei der TABUN- oder LOST-Produktion gebraucht werden können, bedeuten, daß eine Produktion dieser Kampfstoffe vorgesehen war.

Analog muß auch die Tatsache gewertet werden, daß das bei der Tabun-Produktion anfallende Gemisch von X-Komponente (die als Phosphorsäure-dimethylamiddichlorid identifiziert worden ist) und Phosphoroxychlorid in einer Aktennotiz von Hermann vom 1. 9. 83 ausdrücklich erwähnt wird. SEPP ersucht um Änderung der Anlage ANI, so daß die destillative Auftrennung dieses Gemischs in reines POCl₃ und reine X-Komponente erfolgen kann. Um beim Pumpen von Kampfstoffen keine Gefahr wegen undichter Pumpen einzugehen, sind mehrere stopfbüchsenlose (sog. Chemie-)Pumpen bestellt worden.

Anlage MOHAMED

Fließbilder und Beschreibung der Anlage

Die Anlage MOHAMED umfaßt zwei Reaktionsstraßen mit je einer Tankfarm und einem gemeinsamen Gaswaschteil (Scrubber Plant). Sie ist vollautomatisiert und von einer in einem separaten Raum liegenden Warte aus zu bedienen. Die Regelventile sind mit Edelstahlfaltenbalg abgedichtet und die Förderpumpen für die Produkte sind mit Magnetkupplung versehene vollkommen dichte Chemiepumpen, die zum Teil vom Kunden geliefert wurden.

Beurteilung bezüglich Herstellung von Pestiziden

Frage: Lassen sich mit der Anlage MOHAMED Pestizide nach dem Rezept von Schröder/Hoffmann herstellen?

Synthese von Oftanol

Stufe 1: Das bei ANI Stufe 1 Gesagte gilt auch hier: Ein direkt aus dem Reaktor zugänglicher Phasenseparator fehlt.
Stufe 2 bis 6: Wie bei ANI Stufe 2 bis 6.

Beurteilung: Die Anlage MOHAMED ist nur unter zeitraubendem Umherpumpen von Lösungen geeignet für die Herstellung verschiedener Wirkstoffe (Oftanol etc.), sie ist aber mit großer Wahrscheinlichkeit dafür nicht gebaut worden. Für einen geplanten Betrieb dieser Art fehlt mindestens eine Leitung vom Bodenauslaß des Reaktors 1.4 zum Separator 1.8. Letzterer ist nur für das Kopfprodukt der Destillationskolonne 1.5 zugänglich. Da die meisten Zwischenprodukte und sicher der Endprodukte (Wirkstoffe) temperaturempfindlich sind, könnten sie kaum durch eine Wasserdampfdestillation (Gefahr der Hydrolyse!!) aus dem Reaktor 1.4. über die Destillationskolonne 1.5 zum Separator 1.8 geleitet werden. In diesem würde dann noch das Wasser von der organischen Phase abgetrennt.
Unklar ist zudem, für welche Synthesen von Pestiziden feste Edukte benötigt werden (Eintragssystem vorgesehen).

Beurteilung bezüglich der Herstellung von chemischen Kampfstoffen

Vergleich MOHAMED mit Collomp/TABUN
Frage: Läßt sich auf der Anlage MOHAMED diskontinuierlich Tabun herstellen?

Ein Vergleich des Grundfließbilds der Herstellung von TABUN nach Collomp und des Grundfließbilds der Anlage MOHAMED zeigt, daß es sich um praktisch identische Schemata handelt. Für die verschiedenen Phasen der TABUN-Produktion müßte, wie bei ANI beschrieben, vorgegangen werden. Im Gegensatz zu ANI ist bei MOHAMED eine Feststoffzugabevorrichtung vorhanden: Die Anlage ist also für die diskontinuierliche Herstellung von TABUN bestens geeignet.

Auf eine diskontinuierliche Arbeitsweise deutet ein Vermerk im Beweismittelordner (BMO): zuerst Reaktionsphase mit HCl-Bildung, dann Destillationsphase, wobei $POCl_3$ übergeht. Nach einem Hinweis BMO muß bei der Destillation mit einer Verdampfungswärme wie $POCl_3$ Phosphoroxychlorid gerechnet werden. Dieses Vorgehen stimmt mit der Phase 1 der TABUN-Herstellung überein: Zuerst Herstellung der X-Komponente aus Dimethylamin und Phosphoroxychlorid (Reaktionsphase mit HCl-Entwicklung). Die X-Komponente wird dann mit überschüssigem $POCl_3$ abdestilliert (Destillationsphase). Daß die TABUN-Produktion geplant war, zeigt auch die Vernehmung des Zeugen Langer, bei der die Prozeßbeschreibung für MOHAMED mit dem Gemisch von 70% $POCl_3$ und 30% X-Komponente erscheint, eine Kombination von Chemikalien, die bei einer modernen Pestizidherstellung keine Rolle spielt.

Durch die erwähnte Rückleitung von der Förderpumpe II.2 in den Reaktor 1.4 wird die X-Komponente wieder in den Reaktor zurückgeführt und kann dort mit dem durch die Feststoffzufuhr eingebrachten Natriumcyanid und vorgelegtem Aethylalkohol zu TABUN umgesetzt werden.

Wenn überschüssiges $POCl_3$ stört, kann es vorgängig ganz abdestilliert und durch Chlorbenzol ersetzt werden. Der bei der ursprünglich gelieferten Anlage fehlende Filter kann durch die Anlage MEDA ersetzt werden. Die Produkteventile sind vollkommen dichte Faltenbalgventile. Bei Klaus Union wurden außerdem mehrere stopfbüchsenlose Chemiepumpen bestellt. Bartkowiak gibt in der Vernehmung am 31.5.88 zu Protokoll, daß die Arbeiter in der Anlage MOHAMED Schutzanzug, Gasmaske und Gummihandschuhe zu tragen hatten.

In der Prozeßbeschreibung wird zudem auf die Mischung von 70% $POCl^3$ und 30% X-Komponente hingewiesen. Die X-Komponente oder Phosphorsäuredimethylamiddichlorid ist aber ein Zwischenprodukt bei der Phase 1 der TABUN-Herstellung.

Der Hinweis auf den Einsatz von Thionylchlorid SOCl$_2$ (Explosion von Thionylchloridfässern) und (Bestellung von Rotameter für Flüssigkeit mit der Dichte 1,676, das heißt wie Thionylchlorid am 28. 3. 84 bei Heinrichs) läßt den Schluß zu, daß S-LOST produziert worden ist.

Der Brief von Elies vom 9. 12. 84 beschreibt Anlageteile, die der Kunde SEPP zum Teil selbst geliefert hat. Dies deutet darauf hin, daß von unbekannter Seite noch andere Apparate eingekauft worden sind.

Anlage IESA

Beschreibung der Anlage und Verfahrensfließbild

Bei der 1984 gelieferten Anlage IESA soll es sich nach den Angaben von Pilot Plant um »Reaction vessels for the reaction of different chemical products« handeln, also um eine Produktionsanlage zur Herstellung chemischer Produkte. In einem Brief von Herrn Fränzel an Herrn Dr. Ruck im Bundesamt für gewerbliche Wirtschaft vom 30. 8. 1984 wird die Anlage IESA jedoch lediglich als »Anlage, keine anderen Aufgaben hat als eine Flüssigkeit mit Feststoffen zu mischen« deklariert. Die Anlage besteht aus zwei Reaktionskesseln à je 3000 Liter Inhalt, die gekühlt werden können. Die Reaktoren sind mit Tefzel ausgekleidet und an Vakuumleitungen angeschlossen. Alle anderen mit dem Arbeitsmedium in Kontakt kommenden Teile sind aus Hastelloy C4. Der eine der Reaktoren ist mit einer Vorrichtung zur Zugabe von festen Edukten versehen. Beide Reaktoren haben Zuleitungen für flüssige Edukte und Exzenterpumpen am Bodenablaßventil zur Wegförderung von flüssigen Produkten oder Feststoffsuspensionen. Der Arbeitsdruck ist 3 bar und Vakuum. Als Arbeitstemperatur wird max. 100 °C angegeben, jedoch müssen auf Verlangen des Kunden die Produkte auf minus 20 °C gekühlt werden können. Diese gekühlten Produkte werden von den Exzenterpumpen zu je vier Ventilen (Abfüllstation) geleitet.

Beurteilung bezüglich der Herstellung von Pestiziden

Die Anlage IESA ist zur Herstellung von Pestiziden nicht geeignet, da keine Zweiphasenseparatoren und keine Destillationskolonne vorgesehen sind. Das Mischen verschiedener Chemikalien (unter anderem auch von verschiedenen Pestiziden) ist jedoch möglich. Unüblich wäre dazu jedoch die Kühlung auf minus 20 °C vor der Abfüllung nach den Exzenterpumpen. Der Hinweis auf temperaturempfindliche Pestizide ist nicht überzeugend, da die Wirkstoffe beim Abdestillieren des Lösungsmittels immer höheren Temperaturen ausgesetzt sind.

Beurteilung bezüglich der Herstellung von Kampfstoffen

Die Durchführung mehrstufiger Synthesen von Kampfstoffen wie TABUN oder SARIN ist in der Anlage IESA praktisch nicht möglich. Gewisse Anlageteile (wie zum Beispiel die Feststoffzufuhr) können aber jederzeit an alten Anlagen (wie zum Beispiel ANI) angebaut werden und diese dann zur Herstellung von Kampfstoffen geeignet machen.

Da es sich bei IESA um eine hochautomatisierte Anlage handelt mit Anschlüssen für Abfüllanlagen, können darin aber die folgenden Kampfstoffe hergestellt und abgefüllt werden:

Die Umsetzung von Thiodiglykol mit einem Chlorierungsmittel wie PCl_3 und $POCl_3$ Phosphoroxychlorid zu S-LOST ist in IESA jederzeit möglich, auch wenn die Feststoff-Förderanlage anderweitig eingebaut worden wäre. Die Destillationskolonne wäre dazu nicht nötig, wenn mit einem Überschuß an Chlorierungsmittel gearbeitet und auf die Rückgewinnung dieses Überschusses verzichtet würde.

Durch Umsetzen von Kaliumcyanid KCN (Feststoffzugabe!!) mit Schwefelsäure kann in der Anlage IESA im Kessel 104 Blausäure HCN gebildet werden, die dann bei 26 °C verdampft und in den Kessel 204 geleitet wird. Bei minus 15 °C kann sie dort verflüssigt und über die Abfüllvorrichtungen als Flüssigkeit in kleine Behälter (zum Beispiel Bomben oder Raketen) abgefüllt werden. Die Hinweise, daß der Kunde die in der Anlage verwendeten Flüssigkeiten nicht angeben will, und dadurch Probleme wegen der Durchflußmengen – Messung mit Ovalradzählern entstehen, bedeutet, daß das Produktionsziel geheimgehalten werden soll; *die Herstellung von Pestiziden hätte aber ohne Befürchtungen deklariert werden können.*

Anlage MEDA

Beschreibung der Anlage und Verfahrensfließbild

Die Anlage MEDA umfaßt einen Rührwerkbehälter 002 aus rostfreiem Stahl von 800 Liter Inhalt, ausgelegt für eine Arbeitstemperatur von minus 10 °C. Er wird gespiesen mit einer Exzenterpumpe 001 aus Hastelloy C, die das Sumpfprodukt aus »dem Autoklaven« mit einer Arbeitstemperatur von minus 20 °C in den Behälter 002 fördert. Dieses Sumpfprodukt kann feste Stoffe enthalten oder es können sich Feststoffe während einer Reaktion im Rührwerkbehälter bilden. Der Bodenauslaß führt auf eine gasdicht gekapselte LUWA-Zentrifuge 003, in welcher der Feststoff von der flüssigen Phase getrennt wird. Der Feststoff geht aus der Zentrifuge auf einen Schneckenförderer 006 und kann dann in Fässer abgefüllt werden.

Das Filtrat wird in einem 100-Liter Behälter 004 aus rostfreiem Stahl aufgefangen und kann ins Tanklager gepumpt werden.

Beurteilung der Anlage bezüglich der Herstellung von Pestiziden oder chemischen Kampfstoffen

Die Anlage MEDA ist im Prinzip eine Filtervorrichtung, in welcher ein Feststoff aus einem Gemisch mit Flüssigkeit abgetrennt werden kann. Sie kann an irgendeine der anderen bestehenden Anlagen angebaut werden. Da die gebräuchlichen Pestizide hochsiedende Flüssigkeit und keine Feststoffe sind, ist ein direkter Zusammenhang mit der Pestizidproduktion nicht ersichtlich. Bei der Beurteilung der Anlage ANI wird jedoch festgestellt, daß sich ANI wohl zur TABUN-Herstellung eignet, daß aber eine Filtervorrichtung zur Abtrennung des gebildeten Kochsalz-Natriumcyanid-Gemisches fehlt. MEDA ist also ein geeigneter Anlageteil, um dieses Manko auszugleichen und aus ANI eine Anlage zur diskontinuierlichen TABUN-Fabrikation zu machen, falls noch eine Feststoffeintragvorrichtung zum Autoklaven (zum Beispiel aus der Anlage IESA) eingebaut wird.

Auch MOHAMED kann auf diese Weise zur TABUN-Herstellung umgerüstet werden, da dort die Feststoffeintragvorrichtung zum Autoklaven schon vorhanden ist.

Interessant ist dabei noch die Angabe der tiefen Arbeitstemperaturen: Die Verarbeitung eines Produktegemisches von minus 20 °C könnte heißen, daß ein NaCN-NaCl-haltiges TABUN-Lösungsmittelgemisch (Chlorbenzol) aus einem Autoklaven zugeführt, das heißt, daß auf eine Auftrennung der flüssigen Produkte durch Destillation verzichtet würde und nur der Salzanteil durch die Zentrifuge abgetrennt würde. TABUN allein schmilzt bei minus 48 °C, Chlorbenzol ist bis minus 46 °C flüssig. Dieses Flüssigkeitsgemisch kann direkt einer Abfüllanlage zugeführt werden. Um auf eine höhere TABUN-Konzentration für den Einsatz als Kampfstoff zu kommen, wäre in einer separaten Destillationsanlage ein großer Teil des Chlorbenzols abzutrennen.

Auch die Herstellung von S-LOST ist in MEDA vom Thiodiglycol aus leicht möglich. Dieses müßte mit trockenem HCl-Gas chloriert werden, wobei die erwähnten großen HCl-Generatoren dienen können. Die Zentrifuge wird dabei allerdings nicht gebraucht und könnte an ANI angebaut werden. Die Bestellung einer Klaus-Union-Pumpe für ein Medium mit der Dichte 1,64 bei 40 °C (Thionylchlorid 1,64 bei 50 °C) deutet auf eine LOST-Produktion mit einem anderen Chlorierungsmittel hin. Diese Pumpe soll den Inhalt des Behälters 004 ins Tanklager pumpen.

Eine enge Verbindung von MEDA zu einer Anlage in P 7 soll nach von Attar so gefordert worden sein, daß von jedem Gefäß in jedes Flüssigkeit umgepumpt werden kann. Auch wird eine hochsichere Glasscheibe zwischen der Anlage MEDA und der Meßwarte gefordert. Dies deutet aber auch auf die Produktion eines für die Bedienungsmannschaft gefährlichen Stoffes hin.

Anlage GHASI

Beschreibung der Anlage und Verfahrensfließbild

Die Anlage ist gebaut für die Reaktion von zwei organischen Flüssigkeiten, wobei die Bildung eines kristallinen Produkts möglich ist. Die beiden organischen Edukte werden mit speziellen Faßpumpen aus Fässern dem Reaktor zugeführt. Der Ankerrührer hat einen kleinen Wandabstand, so daß keine Feststoffkruste an der Wand aufgebaut werden kann. Die Entladung des Reaktors erfolgt über eine Exzenterpumpe für eine feststoffhaltige Flüssigkeit.

Legende:

003 Reaktor, $1 m^3$, 6 bar bis Vakuum, 100 °C, rostfrei mit Mantel für 100 °C Wasser und Kühlung, Ankerrührer Gleitringdichtung mit Sperrflüssigkeit (Druck höher als Innendruck)
005 Kopfkondensor, $1,5 m^2$, rostfrei, 6 bar bis Vakuum, 100 °C
006 Vorlage für Destillat, 600 Liter, rostfrei, 80 °C, 6 bar/Vak.
007 Exzenterpumpte für Salzbrei, $3 m^3$/h, 5 bar Gegendruck, 100 °C, rostfrei/Viton, Stopfbuchse Teflon/Asbest.

Beurteilung der Anlage GHASI

Aus den Unterlagen ist nur ersichtlich, daß mit der 1984 gelieferten Anlage (Proformarechnung 20475, 15. 9. 83, in Akt 351) eine chemische Umsetzung mit zwei flüssigen Edukten durchgeführt werden soll und daß ein festes kristallines Produkt entstehen kann. Es ist unwahrscheinlich, daß darin ein Pestizid hergestellt werden kann (keine Phasentrennung oder Rektifiziersäule, um zwei flüssige Produkte zu trennen). Ebenso unwahrscheinlich ist die Verwendung zur Herstellung von TABUN, SARIN oder SOMAN (zu komplexe Reaktionen).

Es kann hingegen ähnlich wie für die Anlage IESA gesagt werden, daß GHASI geeignet ist, um LOST oder BLAUSÄURE herzustellen. An die Exzenterpumpe 007 kann direkt eine Abfüllanlage angeschlossen werden.

Hinweis auf spezielle Apparateteile oder Änderungen

Ein Teil dieser Hinweise ist jeweils bei der Besprechung der Möglichkeit der Kampfstoff-Produktion resp. Pestizid-Produktion bei den einzelnen Anlagen aufgeführt worden. Einige interessante weitere Bemerkungen folgen: (Brief Elies aus Samarra 9.12.84) Zusätzlicher Einbau von drei Tanks und drei Pumpen, die der Kunde lieferte. SEPP verfügt offenbar auch noch über andere Apparatelieferanten. BMO 349/7 und BMO 404/l. Es gibt Hinweise auf die Lieferung von großen Mengen Rohren und Flanschen sowie auf den Kauf einer Raffinerie in Japan, aus der Anlagebestandteile direkt geliefert wurden. Es können also verschiedene Abänderungen und Ergänzungen an den ursprünglich bei KK bestellten Anlagen vorgenommen worden sein.

Schlußfolgerungen

Ausgehend von den Unterlagen über die Herstellung moderner Pestizide resp. von Kampfstoffen und einer apparativen Beurteilung der betreffenden Anlage kann festgehalten werden (Das für TABUN Gesagte gilt in bezug auf den apparativen Aufwand auch für SARIN. Es gibt jedoch keine direkten Hinweise auf eine SARIN- oder sogar SOMAN-Produktion):

AHMED

Die Anlage AHMED ist nicht für die Pestizidherstellung entworfen worden. Zu einer technisch und ökonomisch sinnvollen Produktion fehlen verschiedene Apparate, das heißt sie ist für die moderne Pestizid-Herstellung nicht geeignet.

Zur Herstellung von Kampfstoffen ist AHMED hingegen gut geeignet. Sowohl TABUN als auch speziell LOST können darin vom apparativen Konzept her fabriziert werden. Da alle diesbezüglich relevanten Ausgangsstoffe geliefert worden sind, muß angenommen werden, daß TABUN und LOST mit großer Wahrscheinlichkeit während einer unbekannten Zeit und in schwer abschätzbarer Menge produziert worden sind. Wegen der relativ einfachen Apparatur in Verbindung mit einfachen Herstellungsverfahren (speziell für LOST) ist es praktisch unmöglich nachzuweisen, daß die Anlage AHMED für die Kampfstoff-Herstellung besonders konstruiert worden sind.

ANI

Auch die Anlage ANI ist für die moderne Pestizidherstellung nicht geeignet, da auch hier Apparateteile (Phasenseparator) fehlen.

Die ursprünglich konzipierte Anlage ANI wäre zur TABUN-Produktion schlecht geeignet. Der festgestellte nachträgliche Einbau einer Feststoffzugabe und einer dem Reaktor nachgeschalteten Zentrifuge, wie sie mit den Anlagen IESA und MEDA geliefert wurden, machten aber ANI zu einer für die Herstellung von TABUN besonders konstruierten Anlage.

Die verschiedenen Hinweise auf das Chlorierungsmittel Thionylchlorid für die Umwandlung von Thiodiglykol in LOST und die dazu benötigte einfache Apparatur (Rührkessel und Destillationskolonne) lassen für ANI bezüglich der LOST-Produktion den Schluß zu, die Anlage sei hierfür konzipiert, daß heißt besonders konstruiert worden.

MOHAMED

Für eine Produktion moderner Pestizide ist MOHAMED nicht geeignet. Der Phasenseparator in der Kopfprodukt-Leitung der Destillation wäre dazu an der falschen Stelle eingebaut.

Für die TABUN-Herstellung ist MOHAMED, wie sich aus der Existenz der Feststoffzufuhr ergibt, bestens geeignet. Die fehlende Zentrifuge für das Reaktorbodenprodukt entspricht genau der Anlage MEDA. Ein Beweis, daß diese eingebaut worden ist, fehlt zwar. Hinweise auf die als Zwischenprodukt der TABUN-Fabrikation identifizierte Verbindung »X-Komponente« zeigen aber, daß TABUN produziert wurde, und Hinweise auf Thionylchlorid deuten wiederum auf die LOST-Produktion hin.

Unter Berücksichtigung der Tatsachen,
- daß eine Feststoffzufuhr schon in der Planung vorgesehen war,
- daß die Kompatibilität von MEDA als Filteranlage besteht,
- daß es sich um eine sehr gut instrumentierte und zur Fernbedienung eingerichtete Anlage handelt
- daß leckfreie Pumpen eingesetzt worden sind, kann somit festgestellt werden, daß MOHAMED mit an Sicherheit grenzender Wahrscheinlichkeit für die Kampfstoffproduktion besonders konstruiert worden ist.

IESA

Die Anlage IESA ist ungeeignet für die Pestizidproduktion. Auch die Herstellung von TABUN ist in dieser Anlage nicht möglich. Sie kann jedoch als »Lieferant« einer Feststoffeinfüllanlage gedient haben.

Wegen der vom Kunden gewünschten Kühlmöglichkeit des Produkts auf minus 20 °C ist IESA jedoch gut geeignet für die LOST-Produktion und das Herstellen und Abfüllen (mit den gelieferten Abfüllanlagen in Kühlkontainern) von BLAUSÄURE als Kampfstoff, ebenso für die Mischung von BLAUSÄURE mit TABUN vor der Abfüllung.

Im Hinblick auf letztere Umstände muß man von einer besonders konstruierten Anlage sprechen.

MEDA

Weder Pestizide noch TABUN können mit MEDA produziert werden, die Anlage kann aber an ANI oder MOHAMED als Zentrifuge für das Reaktorbodenprodukt bei der TABUN-Herstellung angebaut worden sein.

Die Kühlung eines Produkts auf minus 20 °C deutet auf die Möglichkeit der Abfüllung eines Chlorbenzol-TABUN-Gemisches hin. Ebenso ist die Abfüllung eines BLAUSÄURE-TABUN-Gemisches denkbar. Für die Produktion von LOST ist MEDA ebenfalls geeignet.

GHASI

Weder Pestizide noch TABUN können produziert werden.
GHASI ist geeignet zur LOST- oder BLAUSÄURE-Produktion.

Abschließend muß man zu folgender Schlußfolgerung kommen

Im Gesamtkomplex SAMARRA sind keine Anlagen zu erkennen, die für die Produktion moderner Pestizide konzipiert sind.

Mit Hilfe der Anlagen IESA, MEDA und GHASI, die selber für die Produktion von LOST und BLAUSÄURE geeignet sind, sind ANI und MOHAMED für die TABUN-Synthese ausgebaut worden. Als Anlagekomplex sind sie deshalb als besonders konstruiert zu deklarieren.

Verschiedene Unterlagen beweisen zudem, daß TABUN und LOST produziert worden ist.

Es ist unwahrscheinlich, daß den in SAMARRA tätigen Fachleuten der Firma Pilot Plant entgangen ist, daß die Produktion von Kampfstoffen geplant und auch durchgeführt worden ist (Sperrung des Geländes und Luftabwehrraketen, Sperrung gewisser Gebäude, Überwachung der Personen).

Drehscheibe London

In der Dürenstraße 33 zu Bonn ging es zu wie im amerikanischen Gangsterfilm »Manche mögen's heiß«: Vorn ein würdiges Institut, hinten ein wilder Western-Saloon. Nach außen hin machten die Angehörigen der irakischen Botschaft ganz auf Diplomatie. Heimlich kümmerten sich Saddam Husseins Emissäre um handfeste Geschäfte. Die wichtigsten deutschen Rüstungslieferanten gingen in der Villa ein und aus. Über Jahre hinweg war die Residenz am Rhein eine Schaltzentrale für Bagdads Rüstungseinkäufe.

Einblick in das facettenreiche Leben der Diplomaten aus dem Irak bekamen Staatsanwälte und Zollfahnder nach der Auswertung beschlagnahmter Geschäftsunterlagen. Sie belegen, daß in der Irak-Botschaft die Deals zur Lieferung von Munitions- und Kanonenfabriken ebenso ausgehandelt wurden wie die heißen Geschäfte über den Export der Giftgasanlagen.

In Sitzungsprotokollen und in Terminlisten der Iraker sind erste Adressen aus der deutschen Industrie vermerkt. Vertreter der einschlägig bekannten Firma Leybold in Hanau, ihrer Muttergesellschaft Degussa in Frankfurt verhandelten mit Rüstungskäufern aus Bagdad ebenso wie Manager von Ferrostaal und MAN.

Die irakische Dependance am Rhein ist einer der Stützpunkte beim Handel mit kriegswichtigem Material für Bagdad. Auf vielfältigen Wegen sucht der Irak an westliches Rüstungs-Know-how zu gelangen.

Eine Schlüsselrolle spielte lange Zeit die im Februar 1987 von dem Briten Roy Ricks und dem irakischen Ingenieur Aueen Mansour Wadi gegründete Meed International Ltd., die in der Londoner Duke-Street 13 ihren Sitz hatte.

Von London aus wurden die Geschäftskontakte für die irakischen Staatskonzerne Nassr State Enterprise und Saad General Establishment geknüpft; in der irakischen Botschaft in Bonn kam man mit den potentiellen Geschäftspartnern aus ganz

Europa zusammen. Bei Meed wurden die Einkaufs-Schlachten geplant, in der Duke-Street wurde entschieden, ob sich Bagdad heimlich an einem europäischen Unternehmen beteiligen sollte.

Denn mit Hilfe deutscher, englischer und französischer Investmentberater hatte der Irak etwa ab 1985 begonnen, sich diskret in Firmen einzukaufen, deren Produkte einen militärischen Nutzen versprachen. Im englischen Coventry beispielsweise vermittelte Meed International für Nassr eine 51-Prozent-Beteiligung an einer Maschinenbaufirma, die Fließdrückautomaten herstellt. Sie sind der Renner auf dem grauen Rüstungsmarkt. Diese Spezialmaschinen fertigen aus Stahl und Aluminium Hohlkörper, die keine Schweißnaht haben und extrem belastbar sind. Im Fließdrückverfahren lassen sich computergesteuert Kochtöpfe, aber auch Raketenantriebsdüsen oder Geschoßkörper herstellen.

Solche Schlüsseltechnologie made in Germany ist natürlich höchst begehrt. So unterhielt Meed engen Kontakt zum deutschen Fließdrück-Spezialisten H + H Metalform, der sich nach Untersuchungen von Bundeswirtschaftsminister Haussmann inzwischen zu 50 Prozent in irakischem Besitz befindet.

Auch die im Londoner Stadtteil Chiswick ansässige Technology and Development Group (TDG), Tochtergesellschaft des Bagdader Handelshauses Arabi, wurde als Aufkäufer aktiv. Das von den Irakern geleitete Unternehmen diente zunächst als Dependance des Geheimdienstes. Es verschaffte sich einen Überblick über die Industrielandschaft Europas. Bagdad bevorzugte den Einstieg in kleinere und mittlere Firmen, weil sich auf dieser Ebene diskreter arbeiten ließ.

Aufsehen erregte deshalb eine 92,5-Prozent-Beteiligung der TDG an der Firma Matrix Churchill, dem früheren britischen Hersteller für computergesteuerte Werkzeugmaschinen. Über Matrix partizipiert die TDG weltweit an zahlreichen anderen Unternehmen. Husseins Beschaffer sitzen mittlerweile nicht nur in Europa, sondern auch in Japan und den USA.

Die US-Tochter Matrix Churchill Corporation in Solon, Ohio, ist seit der Übernahme durch die Iraker zu einem wichtigen Industrieausrüster Bagdads geworden. Sie entwickelte beispielsweise in der irakischen Hauptstadt eine 14-Millionen-Dollar-Anlage zur Herstellung von Werkzeugen aus hochfestem Spezialstahl, die in der Rüstungsproduktion benötigt werden.

MEED INTERNATIONAL LIMITED

1st FLOOR, 13 DUKE STREET, LONDON, W1M 5RA.

Telephone: 01/935/7469   Telex: 261056 SALLTD.G.

FACSIMILE TRANSMISSION COVER

To: Iraqi Embassy, Bonn	From: Meed International Ltd
	Our ref: FX /AMW/CM
Attn: Mr Ali A Ali	Sender: Mr Anees Wadi
Fax No: 01049 228 820 3256	Our Fax No: 01 487 4979
Total No of Pages: 1.	Date: 12 August 1987.

Further to our Fax of yesterdays date, listed below are the details of the
Companies with whom/will be arranging meetings for Thursday 20 August 1987
and Friday 21 Sugust 1987.

ABRA AG, CH-9443 Widnau, Switzerland
Contact is Mr Schwendener
RE: HIP: Hot Isostatic Presses

KLATEC, SF-21101 Naantali, Finland
Contact is Mr Ranta
RE: Furnaces

ALSTHOM ACB, Paris, France
Contact is Mr Pierre Latour
RE: HIP: Hot Isostatic Presses

LPA Industries, Paris, France
Contact is Mr J C Bouchon
RE: Annealing Furnace

The rest of the Companies are British and I will arrange for the meetings
to be held in London, week beginning Monday 24 August 1987.

Best Regards

Anees Mansour

REGISTERED OFFICE: ROWAN HOUSE, FIELD LANE, TEDDINGTON, MIDDLESEX, TW11 8AW.
REGISTERED IN ENGLAND No 2096078

Nachricht von Meed an die Bonner Schaltzentrale

Gelegentlich müssen die Aquisiteure Rückschläge hinnehmen. Eine der Matrix-Churchill-Niederlassungen wurde in einen Finanzskandal verwickelt. Die amerikanische Zweigstelle der italienischen Banca Nazionale de Lavoro hatte dem Irak, an den Behörden vorbei, einen Kredit über mehr als drei Milliarden Dollar gewährt, ohne die Einwilligung der römischen Zentrale einzuholen, Kredit-Vermittler war der deutschstämmige Paul von Wedel. Für den Betrag soll die US-Regierung in voller Höhe geradestehen. Der TDG, der wichtigsten Agentur der Irakis, mißlang der Versuch, die nordirische Flugzeugfirma Lear Fan zu kaufen. Der Plan platzte auf Intervention des britischen Außenministeriums. Zum einen, weil die Beamten unter den TDG-Leuten einen Anwalt ausgemacht hatten, der von den Geheimdienstexperten als verdächtig eingestuft worden war, zum anderen, weil die Firma ihr Gebot gemeinsam mit einer obskuren Firma abgegeben hatte. Die TDG mit ihren Direktoren Safa Al Haboby und dem Spezialisten für stille Beteiligungen Fadel Khadum, einem Rechtsberater Saddam Husseins, ließ sie sich davon nicht irritieren.

In der Schweiz schafften die Irakis ein weiteres bemerkenswertes Engagement. Heimlich stieg die vom Bagdader Kriegsministerium unterstützte TDG im Herbst 1989 bei der Tessiner Handelsfirma Schmiedemeccanica SA ein. Das Tessiner Unternehmen geriet im Sommer des folgenden Jahres in das Visier der Fahnder, als auf dem Frankfurter Flughafen 250 Platten aus speziell gehärtetem Stahl für Bagdad beschlagnahmt wurden. Dieses Material war offensichtlich für den Bau der Superkanone bestimmt.

Der stille Einstieg der TDG in das Schweizer Familienunternehmen wurde über die Durand Properties Ltd. und die Fartrade Holdings SA in Fribourg abgewickelt. Die Fartrade-Anteile hält Haboby. Der Kaufpreis von über 3,409 Millionen Franken wurde über drei arabische Banken geschleust. TDG kündigte in einem von Geheimdienstlern sichergestellten Memorandum an, den Anteil bei der Tessiner Firma auf 30 Prozent zu erhöhen.

Schmiedemeccanica-Chef Gianluigi Martinelli, Jahrgang 51, der vor einigen Jahren zum Schweizer Unternehmer des Jahres gewählt worden war, bestritt zunächst, von dem irakischen Engagement gewußt zu haben. Am 3. September 1990 ließ er dann erklären, die Schmiedemeccanica bedaure, »daß

Geschäftsverträge, die den üblichen Usancen bei solchen Zusammenarbeitsvereinbarungen entsprechen, unter dem Eindruck der gegenwärtigen Krisensituation unter dem Titel einer sogenannten ›Irak-Connection‹ behandelt werden.« Chef Martinelli legte neue Fährten. Die von seiner Firma bearbeitete und später beschlagnahmte Bagdad-Lieferung sei vermutlich aus der Bundesrepublik gekommen.

Spuren von TDG führen nicht nur zu H + H in Drensteinfurt, sondern auch nach Krefeld. Dort gründeten die Iraker 1989 mit der Elektronikfirma SEG die TDG-SEG Industrieanlagen GmbH. Deutsche Fahnder forschen seit einiger Zeit nach weiteren TDG-Beteiligungen. Die Suche ist nicht leicht. Der Irak plant nach einem geheimen Dokument vom 14. Juni, weitere Engagements über Briefkastenfirmen in Luxemburg und Liechtenstein abzuwickeln.

Etliche Unternehmen sollen auch illegale Residenturen des irakischen Geheimdienstes sein. Vor allem bei Export-Import-Firmen, so Hans Josef Horchem, früher Verfassungsschutzpräsident in Hamburg, seien »keine Kaufleute, sondern Bedienstete des irakischen Geheimdienstes« tätig. Auch nach einem geheimen Bericht der Wiener Staatspolizei vom Herbst gibt es »einschlägige Verflechtungen von Firmen und Gesellschaften« mit dem irakischen Geheimdienst.

Kein leichtes Unterfangen, Einblick in die dunklen Kanäle der weitverzweigten Connection zu bekommen. Viele Verbindungen liegen im Nebel. Rätsel gibt eine Bluttat vom Sommer 1990 auf. In den Morgenstunden des 16. Juli erstach ein 62jähriger Iraker in der Lobby des Wiener Hilton den irakischen Kaufmann Dhia Aziz Ghanni mit zehn Messerstichen. Ghanni galt als wichtigster Lieferant Bagdads, soll aber in den letzten Jahren eine eigene Geschäftspolitik versucht haben. Der Messerstecher, ein Hammed Abdul Hassan, war Mitarbeiter des irakischen Innenministeriums. Er hatte enge Verbindungen zu Bagdads Botschaft in Bonn.

Die dunklen Kanäle des Saddam

Der Irak hat ein weitverzweigtes und verschachteltes System zum Einkauf der Rüstungsgüter aufgebaut. Dazu gehören:

- **Al Arabi Trading Company**
  Bagdad, Irak
  Geschäftsführer: Faruk Taha

- **Lahib Nari Import/Export Corporation**
  Bagdad, Irak

- **Technical Corporation for Special Projects (TECO)**
  Bagdad, Irak
  Geschäftsführer: Abdulahad Aboodi Ablahad

- **Industrial Projects Company**
  Bagdad, Irak
  Firmenangehörige: Ali Abdul Mutalib Ali (früherer Wirtschaftsattaché in Bonn), Dr. Mahdi F. Muhammad, Dr. Ali Mahir Jassim, Dr. Fard Nadhim Hakee

- **Nassr State Enterprise for Mechanical Industries**
  Tadschi bei Bagdad, Irak

- **Al Qaqa State Establishment**
  Iskandariya bei Bagdad, Irak

- **Electronic Research & Development Laboratories**
  Bagdad, Irak

- **Al Yarmouk General Establishment**
  Abu Ghraib, Irak

- **Al Bader General Establishment**
  Mahmoudiya, Irak

- **Hutteen State Establishment**
  Iskandariya, Irak

- **Al Qadissiya State Establishment**
  Irak

- **Saddam State Establishment**
  Falludscha, Irak

- **Salah Al Din State Establishment**
  Al Dour, Irak

- **State Establishment for Pesticides Production**
  Bagdad, Irak

- **Technology and Development Group (TDG)**
  London, Großbritannien
  Geschäftsführer: Dr. Safa Al Haboby
  Firmenangehörige: Hana Paulus Jon, Saad Tahir,
  Adnan Al Ameiri, Dr. Fadel Kadhum, Nassir Nainsi

- **Technology Engineering Group (TEG)**
  Kent, Großbritannien
  Geschäftsführer: Anees Mansour Wadi

- **TMG Engineering, Ltd.**
  London, Großbritannien
  Direktoren: Dr. Safa Al Haboby, Paul Henderson,
  Adnan Al Ameiri

- **Matrix Churchill, Coventry**
  Coventry, Großbritannien
  Direktoren: Paul Henderson, Peter Allen,
  Dr. Safa Al Haboby, Adnan Al Ameiri

- **RWR International**
  London und Kent, Großbritannien
  Geschäftsführer: Roy Ricks

- **Euromac London Ltd.** und **Atlas Equipment Ltd.**
  London, Großbritannien
  Geschäftsführer: Ali Ashour Dahgir
  Firmenangehörige: Ted Amyuni, Jeanine Speckman

- **Euromac SRL**
  Monza, Italien
  Firmengehörige: Hussein Abbas Al Khafaji,
  Kassom Abbas Al Khafaji, Mohammed Samir

- **Babil International Sarl**
  Neuilly-sur-Seine, Frankreich
  Firmenangehörige: Al Khafaji Sabah, Pierre Dragoul

- **AWA Engineering Ltd.**
  London, Großbritannien
  Geschäftsführer: Anees Mansour Wadi

- **Admincheck Ltd.**
  London, Großbritannien
  Geschäftsführer: Anees Mansour Wadi, Roy Ricks

- **Archiconsult Ltd.**
  London (50-Prozent-Beteiligumg Matrix-Churchill)
  Direktoren: Paul Henderson, Dr. Safa Al Haboby

- **Newcast Foundries**
  Coventry (100 Prozent Matrix-Churchill)

- **Matrix Takisawa Ltd.**
  Coventry (50-Prozent-Beteiligung Matrix-Churchill)

- **Matrix Churchill Corporation**
  Solon/Ohio, USA
  Direktor: Dr. Safa Al Haboby

- **Banca Nazionale Del Lavoro**
  Atlanta/Georgia, USA

- **TDG-SEG – Industrieanlagen GmbH**
  Krefeld

- **H + H Metalform,**
  Drensteinfurt

- **Schmiedemeccanica SA**
  Biasca, Schweiz

- **Durand Properties, Ltd.**
  Fribourg, Schweiz

- **Fartrade Holdings SA**
  Fribourg, Schweiz

- **Space Research Corporation (SRC)**
  Brüssel, Belgien

- **SRC Engineering**
  Genf, Schweiz

- **Canira Technical Corporation Ltd.**
  Belfast (50 Prozent TDG, 50 Prozent SRC Genf)
  Direktoren: Michael Bull, Fadel Khadum, Nassir Al Nainsi

- **Al FAO Establishment**
  Bagdad, Irak

- **Advanced Technological Institute**
  Athen, Griechenland

Projekte und ihre Tarnkürzel

Superkanone:
Tarnkürzel: Babylon
             PC 2
             Projekt 839
             petrochemical project 2
Technical Corps for Special Projects, Bagdad
State Organization for Technical Industry (Soti)
Projektleiter: Brigadier A. K. Azzawi, Col. Shakir

Seit Anfang Oktober 1990 tritt die »State Establishment for Equipment for Trading« als Abnehmer oder Auftraggeber für das Projekt auf. Einige Lieferungen gingen 1990 nach Mauretanien.

Raketenprojekte:
Tarnkürzel: 395 Condor II
               144 Scud-B-Verbesserung
               1728 Scud-B-Verbesserung
Einkäufer: Nassr State Enterprise, Saad Establishment, Bagdad
Projektleiter: Dr. Saba Modher, Generalleutnant Amir-Al-
Saadi

Besonderes Interesse an Fließdrück- und Drückwalzmaschinen, Bandlegemaschinen, Glasfaserwickelmaschinen, ölhydraulischen Ziehpressen.

Vakuumschmelzanlagen:
Auftraggeber: **Ministry of Industry and
Military Industrialization**

Das besondere Interesse des irakischen Ministry of Industry and Military Industrialization gilt dabei Anlagen neuester Entwicklung, nach dem sogenannten »Slag Free Induction Skull Melting«-Verfahren. Mit diesen in Fein- und Hochvakuum oder mit Inertgas-Atmosphäre betreibbaren Schmelzeinrichtungen lassen sich Werkstoffe genauester chemischer Zusammensetzung, höchster Reinheit und Homogenität für hochwertige Rüstungsgüter herstellen und vergießen, wie zum Beispiel:

● Edelstähle für Raketenbauteile (Turbinenwelle, -rad, Turbopumpe);
● Fein- und Präzisionsguß von Bauteilen für Kampfflugzeuge und Flugtriebwerke aus Titanlegierungen, hochwarmfesten Stählen und Superlegierungen auf Nickel- und Kobaltbasis; Titan-Aluminide oder sonstige intermetallische Verbindungen mit der günstigen Kombination von Hochtemperaturfestigkeit und niederer Dichte. Diese Werkstoffe befinden sich im Entwicklungsstadium, sie sind zum Beispiel für den Triebwerkbau von großem Interesse zur Substitution der teuren und schweren Superlegierungen.

HEISSE WAREN FÜR DEN IRAK

Deutsche Lieferanten und Unterlieferanten von Produkten,
die sich zur Herstellung von Rüstungsgütern eignen

Bauwerke und Anlagen für	Schwäbische Hüttenwerke, Aalen-Wasseralfingen
Giftgas-Forschung und Produktion	Karl Stolzer, Achern
Karl Kolb, Dreieich	Müller-Weingarten, Esslingen
Pilot Plant (in Liquidation), Dreieich	Dillinger Stahlbau, Düsseldorf
Water Engineering Trading, Hamburg	
Preussag, Hannover	**Militärforschung**
WTB Walter·Thosti·Boswau, Augsburg	Gildemeister Projecta, Bielefeld
Heberger Bau, Schifferstadt	MBB-Transtechnica, Taufkirchen
Rhema Labortechnik GmbH, Hofheim	Karl Kolb, Dreieich
Gebrüder Quast, Inden	Integra Sauer Informatic ICME, Neumünster
	Degussa, Frankfurt
Anlagen für B-Waffen-Forschung	Blohm Maschinenbau, Hamburg
und Produktion	Mauser-Werke, Oberndorf
Water Engineering Trading, Hamburg	Aviatest (Rheinmetall-Tochter); Neuss
Labsco, Friedberg	Fortuna-Werke, Stuttgart
Sigma Chemie, Oberhaching	Wachtberger Präzisions GmbH, Heusenstamm
Josef Kühn, Neustadt	
	Raketen/Hubschrauber/Superkanone
Waffen- und Munitionsanlagen	MBB, München
Ferrostaal, Essen	Leifeld, Ahlen
Buderus, Wetzlar	H + H Metalform, Drensteinfurt
Schirmer-Plate-Siempelkamp, Krefeld	Wegmann, Kassel
Hochtief, Essen	Inwako, Bonn
Klöckner, Duisburg	Weihe, Kiel
Mannesmann Demag, Duisburg	Anlagen Bau Contor, Stutensee
SMS Hasenclever, Düsseldorf	Gräser Consulting, Fischbachtal
Dango & Dienenthal, Siegen	Thyssen, Dortmund
Georg Fischer, Schaffhausen, Singen	Eltro, Heidelberg
TBT Tiefbohrtechnik, Dettingen	Projekt Betreuungsgesellschaft, Freising
LOI Industrieofenanlagen, Essen	Saarstahl, Völklingen
Leybold, Hanau	Export-Union, Düsseldorf
Züblin, Stuttgart	
ABB, Mannheim	**Nukleartechnik**
Lasco Umformtechnik, Coburg	H + H Metalform, Drensteinfurt
AEG, Frankfurt	Inwako, Bonn
Thyssen, Düsseldorf	
Fritz Werner Industrie-Ausrüstungen, Geisenheim	**Transport**
Siemens, München	Faun, Lauf
Maschinenfabrik Ravensburg, Ravensburg	MAN, München
Dynamit Nobel, Troisdorf	MAN-Roland, Offenbach
TS Engineering Export, Beratungs- und	Iveco Magirus, Ulm
Handelsgesellschaft, Stuttgart	Daimler-Benz, Stuttgart
Hahn & Kolb, Stuttgart	Rhein-Bayern Fahrzeugbau, Kaufbeuren
Schiess, Düsseldorf	CBV Blumhardt Fahrzeuge, Wuppertal

Die B-Waffen-Connection

Am 14. Mai 1989 fing Fernschreiber »212202 MIDEF IK« an zu rattern. Das Telex Nummer 797 ging von Bagdad an die Labsco GmbH & Co KG im hessischen Friedberg und war »top urgent« (»äußerst dringend«).

Der Laboratoriumsausrüster, seit 1971 Geschäftspartner der Irakis, war in Erklärungsnot. Labsco wollte ein mehrere hundert Positionen umfassendes Sortiment von Seren, Wärmegeräten und Trockenschränken an den Kunden im Nahen Osten zusammenstellen, doch ein englischer Vorlieferant hatte mißtrauische Fragen gestellt. Ihn interessierte, was die Araber mit der bestellten Ware anfangen wollten.

Die Erklärung war eindeutig. Bagdad versicherte, daß der Auftrag A-3871 weder »für Versuchszwecke noch zur Produktion von chemisch-biologischen Waffen bestimmt« sei. Die Apparaturen und biologischen Substanzen, so meldete 212202, dienten lediglich »Untersuchungszwecken im klinischen Hospitalbereich«.

```
«1999/ 'Labco o'
=212202midef ik9
415997 labco o

from : contdef       bagndad dto 14/5/989
to   : w germany
no : 797  stop

top urçent

our cont 19/med/1988
yr tlx Lab .· neu - 37.515 dtd 9.5.·1989 yr order a-3871
we declare that the goods supplied by m/s labsoo , friedberg
w.g.· their order no.· a-3871 ,our order no.· 19/med/1988
L/c 88/1/433 are neither are they intended to be use for
research/production of chemcial/biological weapons the
merchandise will be use for research ## purposes in clinical/
hospital field b.· rgos.·

¢
415997 labco d
=212202midef ik
¢
```

212202 gibt Entwarnung

Daß die Auskunft schlechterdings nicht stimmen konnte, folgt schon aus dem Absender: »MIDEF« ist das Kürzel für das »Ministry of Defense« des kriegerischen irakischen Diktators Saddam Hussein.

Der Auftrag für die westdeutschen Produzenten war von einem Leutnant, drei Oberleutnants und drei Generalleutnants unterzeichnet, die im zynischen Sprachgebrauch der Bagdader Regierung tatsächlich als »Apotheker« firmieren. Die meisten arbeiten denn auch in der Abteilung für chemische Kriegsführung.

Zwei sind nach Geheimdienstinformationen sogar Mitarbeiter beim Staatsunternehmen »State Establishment for Pesticides Production« (SEPP). Da läßt Hussein seine weltweit gefürchteten biologischen Waffen herstellen – nach Erkenntnissen der schwedischen Sipri-Friedensforscher »hundertmal tödlicher als die gegenwärtigen C-Kampfstoffe«.

Monatelang spürten die Ermittler der hessischen Zollfahndung hinter den Lieferungen aus Friedberg her. Doch wie die biochemischen Ausrüstungen aus der Bestellung A-3871 in Bagdad verwendet wurden, ließ sich vorerst nicht klären.

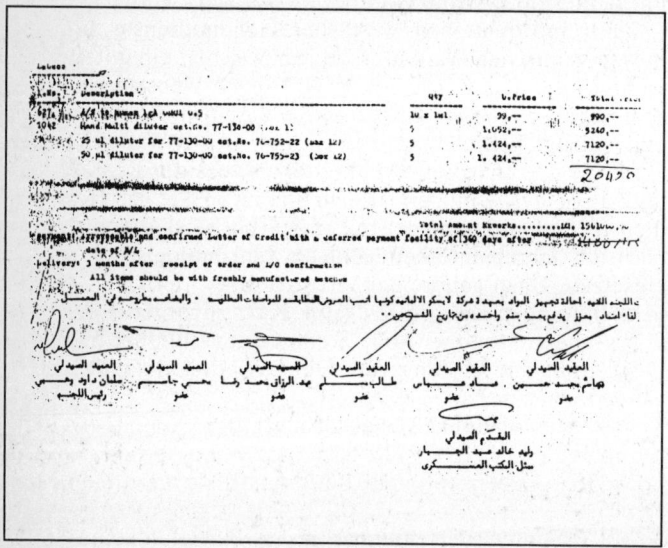

Die »Apotheker« sind Generalleutnants

Die Beweise, daß die Produkte zum Bau von Biowaffen dienten, liegen, wenn es sie gibt, unerreichbar in Bagdad. In Friedberg stießen die Fahnder allein auf unglaublich naive Beteuerungen der Lieferanten.

»Niemals«, sagt Labsco-Geschäftsführer Jürgen Huth, sei ihm bei dem Auftrag (Wert: 1,56 Millionen Mark) der Gedanke gekommen, »daß es sich um eine andere Anwendung als im Hospitalbereich handeln könnte«. Das ist für ihn »auch heute nach wie vor schlicht undenkbar«. Die Namen der Offiziere kenne er nicht: »Ich kann ja kein Arabisch.«

Das hört sich an, als ob die Panzerknackerbande eine Ladung Schneidbrenner anschafft, um Kunstwerke der modern art herzustellen. Chuzpe oder Naivität, das ist die Frage.

Denn seit Jahren weiß die Fachwelt, daß Saddam Husseins Einkäufer weltweit Laborausrüstungen, Bakterienstämme, Nährlösungen, Fermentationsanlagen für die Entwicklung der bakteriologischen Kriegsführung zusammenkaufen. 1985 etwa lieferte das Atlanta Center for Disease Control drei Sendungen eines Tropen-Virus in den Irak. Zwei israelische Basen sollen mit dem Stoff (»White Nile Fever«) infiziert worden sein.

Nach Informationen westlicher Geheimdienste sind die mesopotamischen Waffenforscher inzwischen ein gutes Stück vorangekommen. CIA-Direktor William H. Webster will durch seine Späher erfahren haben, daß Hussein mittlerweile über eine »unglaubliche Menge« an C- und auch B-Waffen verfügt.

Der Vorsitzende des Streitkräftekomitees des Repräsentantenhauses, Les Aspin, erklärte im Sommer 1990, nach Geheimdienstberichten könne der Irak möglicherweise schon Anfang nächsten Jahres eine beträchtliche Zahl biologischer Waffen einsetzen. Dazu gehöre der Virus Anthrax, der lebensgefährliche Blutungen hervorrufen kann. Kurz zuvor hatte der irakische General Mondher Abdel Rahman geprahlt, der Irak habe »noch große und wirkungsvolle Überraschungen für die Amerikaner«.

Das Potential des Despoten ist ansehnlich. Vor fast zwei Jahren meldete der Geheimdienst CIA, der Irak produziere das hochgiftige Lebensmittelgift Botulinus-Toxin in großen Mengen.

Mit Erfolg wurden offenbar in den B-Waffenlabors Stoffe entwickelt, die Pest, Cholera, Milzbrand oder Typhus auslösen. Die Bakterien können in Sprengköpfe gefüllt oder vom Flugzeug aus in Aerosolform versprüht werden. Möglich ist es auch, die Viren über sogenannte Wirtstiere wie Zecken auf den Menschen zu übertragen.

Und ebenso wie bei der Entwicklung der irakischen Atombombe oder dem Destillieren von chemischen Nervenkampfstoffen sollen es nach Geheimdienstorganisationen wieder die Deutschen sein, die den Kriegstreiber aus dem Nahen Osten mit dem hochgefährlichen Zeug ausgestattet haben. Das Nachrichtenmagazin »Time« zitierte einen hohen Militär mit der Erkenntnis, westdeutsche Unternehmen hätten dem Irak bei der B-Waffen-Entwicklung auf die Sprünge geholfen.

Ein gutes halbes Dutzend Firmen ist im Visier der Späher, seit rund drei Jahren wird in sogenannten Nonpapers der Amerikaner auf verdächtige deutsche Unternehmen hingewiesen. Auch die früher in solchen Sachen eher nachlässige deutsche Botschaft in Bagdad reagiert mittlerweile sensibel. Am 3. Mai dieses Jahres schlug sie schon Alarm, als es um die Planung einer gewöhnlichen Antibiotikafabrik durch ein rheinisches Unternehmen ging.

Oft verliert sich die Spur im Dickicht. Im Mai noch warnte das Bundeswirtschaftsministerium den Verband der chemischen Industrie (VCI) in Frankfurt vor einem Einkäufer Husseins.

Der Mann, hieß es in einer Warnung des VCI an all seine Mitgliedsfirmen, sei Iraker und reise mit ägyptischem Paß durch die Bundesrepublik.

Der Mann aus Bagdad bemühte sich laut Alarm-Meldung aus Frankfurt um den Einkauf von Mikrobenstämmen zur Herstellung von biologischen Waffen. Chemiefirmen aus Bayern wurden zur besonderen Vorsicht gemahnt. Der Mann halte sich »laut vertraulicher Quelle« (VCI) in der Umgebung von München auf.

Die vertrauliche Quelle, das amerikanische FBI, brachte mit diesem Hinweis auch das Bundeskriminalamt auf Trab. Doch von dem Iraker fanden die Fahnder keine Spur.

In diesem Zusammenhang wies das FBI immer wieder auf eine kleine Kölner Firma hin, die sich durch häufigen Geschäftsführer- und Bürowechsel auszeichnet und einen gar nicht so seltenen Handelszweck hat. Sie exportiert »Gegenstände aller Art, soweit hierzu nicht eine besondere Genehmigung erforderlich ist«.

Bundeskriminalamt und Beamte des Kölner Zollkriminalinstituts leiteten Vorermittlungen ein, doch herausgekommen ist bislang nichts. Der BND nahm Kontakt mit Behörden in Übersee auf, denn eine Firma gleichen Namens gilt dort als Frontorganisation der Irakis.

Die B-Waffenlabors sind, anders als die Giftgasküchen, nicht mit Satellitenfotos zu erfassen. Sie sind in Bunkern untergebracht, uneinsehbar von außen. Trotzdem wurden die irakischen Seuchen-Anlagen geortet. Sie stehen in Salman Pak, 35 Kilometer südostwärts von Bagdad, und in Samarra, über 100 Kilometer nördlich der Hauptstadt – neben den C-Waffen-Anlagen, die dort die Dreieicher Firma Pilot Plant errichten half.

Mancher skrupellose deutsche Exporteur hat offenbar die totale biologisch-chemische Offensive gesucht. So wurde 1989 in Bonn die Staatssekretärsrunde durch die Nachricht aufgeschreckt, Manager der Hamburger Water Engineering Trading, W.E.T., hätten neben den Giftgasanlagen noch Stoffe zur Herstellung biologischer Waffen geliefert. Auch mit Rücksicht auf das ohnehin angeschlagene Image der deutschen Industrie wurde die Information geheimgehalten.

Der Deal mit W.E.T. lief über SEPP, die Brutschränke und Nährböden bei den guten Bekannten aus der Hansestadt orderte. Der deutsche Manager Peter Leifer ließ die Apparaturen bei einer Firma in Hannover besorgen, die wichtigeren Nähr-Substanzen wurden bei der damaligen Oixid GmbH, heute Uni-Path GmbH, in Wesel am Niederrhein bestellt. Die Firma unterhält einen Großhandel für bakteriologische Nährböden.

W.E.T. orderte 48 ungeimpfte Fermenta, mit denen sich nach einigen Behandlungen beispielsweise die Rinderseuche gut züchten läßt. Dem völlig ahnungslosen Oixid-Geschäftsführer Hermann Georg Füllbrunn wurde mitgeteilt, es handele sich um eine zivile Lieferung nach Nigeria. Füllbrunn: »Vom Irak war nie die Rede.« Regelmäßig gab W.E.T. bei seinen schmutzigen Geschäften eine nigerianische Deckadresse an.

Die B-Waffen-Forschung ist eine geheimnisumwitterte Wissenschaft. Ein paar Mal haben in der Militärgeschichte biologische Kampfstoffe eine Rolle gespielt. So setzten die Japaner im Zweiten Weltkrieg Krankheitserreger wie Typhus und Pest gegen mindestens elf chinesische Städte ein. Menschenversuchen der Japaner mit B-Waffen fielen etwa 3600 chinesische und amerikanische Kriegsgefangene zum Opfer.

In Rußland wurde mit Bakterienbomben experimentiert, die Franzosen züchteten Kartoffelkäfer, die als Plage über den Rhein kommen sollten, und die Briten favorisierten Milzbranderreger. So wurde im Sommer 1942 auf der zwei Quadratkilometer großen schottischen Insel Gruinard eine Bombe mit Milzbrandsporen getestet, verheerend: Die Insel war daraufhin bis Mitte der achtziger Jahre verseucht. Erst im April 1990 wurde das Zutrittsverbot aufgehoben.

Nach dem Krieg wurde zunächst an allen Fronten tüchtig weitergeforscht. 1975 trat dann eine Konvention in Kraft, die sowohl die Entwicklung als auch die Produktion bakteriologischer Waffen verbietet. Mehr als 100 Länder haben die Erklärung unterzeichnet, der Irak allerdings nicht.

Das wissenschaftliche Interesse der irakischen B-Waffen-Forschung gilt in letzter Zeit immer mehr den Pilzgiften, sogenannten Mykotoxinen. Vor allem die zu den Trichothecenen zählenden Wirkstoffe HT-2 und T-2 sind begehrt. Sie werden oft durch gentechnische Manipulationen von Mikroorganismen erstellt und haben bei richtiger Anwendung den Vorzug, daß die Epidemie nicht auf die Erzeuger zurückschlagen kann.

Solche Pilzgifte kamen auch aus der Bundesrepublik nach Bagdad. Lieferant war ein Josef Kühn aus dem niedersächsischen Neustadt am Rübenberge.

Der Kaufmann hatte 1986 rund 100 Milligramm des Mykotoxins T-2 an Bagdad vermittelt. Die von der Oberhachinger Firma Sigma Chemie entwickelten Toxine lösen selbst bei starker Verdünnung beim Menschen Krebs aus. Diese Stoffe sind in geringsten Mengen noch wirksam, dazu hitzebeständig und können schon durch Hautkontakt oder Einatmen den Tod bewirken.

Auffällig war, so der deutsche B-Waffen-Experte Oliver Thränert, daß die Iraker mit 60 000 Mark »einen sehr viel höheren Preis zahlten«, als für diese Menge »üblich ist«. Vermutlich sei die chemische Analyse der Toxine für die Iraker interessant gewesen, »um die Ergebnisse dann mit den eigenen isolierten Schimmelpilzprodukten zu vergleichen«.

Der Mykotoxinen-Export hatte keine rechtlichen Folgen. Die Ausfuhr kleinerer Mengen unterlag nach einem vom Generalbundesanwalt eingeholten Gutachten nicht dem Verbot durch Kriegswaffenkontroll- oder Außenwirtschaftsgesetz. Auch die Nährböden-Lieferung von W.E.T. und auch die zahlreichen Lieferungen von Labsco waren genehmigungsfrei. Erst seit dem 1.Januar 1990 gibt es eine Ausfuhrliste für sensitive Güter im B-Waffen-Bereich.

Das Problem mit den Ausfuhren ist auch nicht ganz leicht zu lösen. Militärische und medizinische Forschung sind oft nur schwer zu trennen. So wird beispielsweise in der Bekämpfung von Aids-Viren mit Toxinen gearbeitet. »In dem Bereich«, sagt Ralf Schrank, Prokurist beim renommierten Hanauer Gerätehersteller Heraeus, »liegt Gut und Böse dicht beieinander«.

Ein Heraeus-Rohrofen vom Typ Ro 4/25, der auf Temperaturen bis 1100 Grad erhitzt werden kann, wurde beispielsweise 1985 über Labsco in den Irak geliefert. Er eignet sich zur Durchführung chemischer Reaktionen, mit ihm können aber auch, wenngleich nicht sauber, hochtoxische Substanzen verbrannt werden. Der Rohrofen-Auftrag kam von der Uni Bagdad, die eng mit den Militärs zusammenarbeitet.

Die amerikanischen Strategen wurden von Husseins B-Waffen-Arsenal überrascht. So fehlten auf den Kampfschiffen am Golf zunächst Überdruckgeräte (»positive aire pressure«), mit denen nach Bomben-Angriffen die biologischen Kampfstoffe möglicherweise aufs Meer weggeblasen werden könnten.

Doch Hilfe aus Germany nahte. Mehr als zehn Exemplare des deutschen ABC-Spürpanzers »Fuchs« tourten im Herbst 1990 durch die Wüste. Das 17 Tonnen schwere Spezialfahrzeug von Thyssen-Henschel kann mit Hilfe eines mobilen Massenspektrometers 400 bekannte chemische Substanzen identifizieren und ist auch für den B-Einsatz tauglich.

Das ist praktisch. Falls einer der Despoten im Nahen Osten nicht das deutsche Giftgas, sondern deutsche B-Waffen-Substanzen bevorzugen sollte, kann der »Fuchs« die Fährte aufnehmen. Die vierköpfige Besatzung stellt extakt die Verseuchung eines Geländeabschnittes fest und meldet das Ergebnis per Funk an die taktische Führung. Dann werden, schön der Reihe nach, die Opfer gezählt.

Vorbereitung auf Doomsday

Das Geheimkommando bekam den Codenamen »Unternehmen Babylon«. Bevor die Abenddämmerung hereinbrach, starteten am 7. Juni 1981 vierzehn israelische Jagdbomber vom Etzion-Flughafen auf der Halbinsel Sinai: Acht Maschinen vom Typ F-16 und sechs Maschinen vom Typ F-15.

Seit Oktober 1980 hatten sich die Piloten auf diesen Einsatz vorbereitet. Sie hatten geübt, feindlichem Radar zu entgehen und in der Negev-Wüste immer wieder ein maßstabgetreues Modell des Zielobjektes angesteuert. An jenem Sonntag im Juni lief alles nach Plan. Unbemerkt fand die Rotte ihren Weg zwischen den Radarnetzen Jordaniens und Saudi Arabiens. Kurz bevor sie die irakische Grenze passierte, drang aus dem Äther die Stimme eines arabischen Kontroll-Offiziers. Er fragte nach dem Wohin und Woher. Einer der Israelis antwortete in bestem Arabisch, sie seien Jordanier auf einer Trainings-Mission, inschallah.

Um 18.30 Uhr Ortszeit hatten sie ihr Ziel, rund 18 Kilometer südöstlich von Bagdad, erreicht. Unter ihnen lag der von Franzosen gebaute Reaktor »Osirak«. Die Piloten kannten jedes Detail der Anlage – den kleineren Versuchsreaktor »Isis«, der seit September 1980 arbeitete ebenso wie den 40-Megawatt-Reaktor »Osiris«, der im Herbst 1981 in Betrieb gehen sollte.

Zuerst überflogen zwei F-16 den Reaktor, um zu testen, ob die irakische Flugabwehr reagierte. Die Flugzeugführer wußten, daß unter Dattelpalmenhainen SA-6 Raketen verborgen waren, aber es blieb still.

Abgeschirmt von den mit Raketen bestückten F-15-Maschinen flogen dann die acht F-16 ihre Angriffe; sie warfen, Flugzeug nach Flugzeug, in weniger als zwei Minuten 16 Tonnen Sprengstoff ab. Die Aktion wurde von Bordkameras in Farbe gefilmt. Erst als alles vorbei war, eröffneten die Iraker spärliches Flakfeuer, doch da war »Osirak« schon ein Trümmerhaufen.

Es war eine Weltpremiere: Der erste Luftangriff in der Geschichte auf einen Atomreaktor. Der Erzfeind Irak wäre sonst, entschuldigte der israelische Premier Menachem Begin den Handstreich, binnen kurzem in der Lage gewesen, drei bis fünf Atombomben des Hiroshima-Typs zu bauen. Eine Behauptung, die damals schon unbeweisbar war und vermutlich nicht stimmte. Das kühne, aber weltweit umstrittene Unternehmen war andererseits das Gütesiegel eines Volkes, das nie mehr willenloses Opfer sein wollte.

Israel hatte den ehrgeizigen Atomplänen der Iraker von Anbeginn an nicht getraut. Früher schon trat der israelische Geheimdienst Mossad in Aktion. Am 5. April 1979 sprengten Mossad-Leute im französischen Seyne-sur-mer das Kernstück eines Reaktors, das drei Tage später verschifft werden sollte. Und im Juni 1980 wurde der für den Irak tätige ägyptische Atomwissenschaftler Jahja el-Meschad im Pariser Hotel »Le Méridien« ermordet.

Der sonnige Junitag mit dem weltweit heftig kritisierten Angriff auf »Osirak« sollte die Lage im Nahen Osten gründlich verändern. Der Despot Saddam Hussein begann damit – eine Lehre aus dem Angriff – seine Rüstungsproduktion über das ganze Land zu verteilen. Er baute ein militärisches Imperium auf, kurbelte, als Antwort auf den israelischen Schlag, seine Kampfstoff-Produktion an. Husseins Emissäre kauften schon im Herbst Giftgasanlagen in Deutschland ein.

Aber, da war sich der Israel-Hasser mit seinen Generälen einig: Für Tel-Aviv sollte eines Tages der Doomsday kommen. In verschiedenen Regionen des Landes begannen Husseins Spezialisten Atom-Projekte aufzubauen. Hussein will die atomare Vorherrschaft Israels, das über hundert Atomsprengköpfe verfügt, brechen, koste es, was es wolle.

Es gibt nur Spekulationen, wie nahe der Diktator jetzt, neun Jahre nach dem »Osirak-Bombardement«, an der Bombe ist. Die Vermutungen der Experten liegen zwischen zwei und zehn Jahren bis zur Bombe. Vermutlich befindet sich der Irak, was die Massenproduktion von militärischem Nuklearmaterial angeht, erst in einem frühen Stadium.

Fest steht, dem Regime fehlt es an eigenen Fachleuten. Der einzige irakische Atomwissenschaftler von Rang, Hussein Schahrestani, ist schon vor Jahren gestorben. Das arabische Land muß sich seine Nuklear-Helfer im Ausland holen. Fest steht auch, daß Bagdad immer wieder beteuert, kein ziviles Nuklearmaterial für militärische Zwecke abzuzweigen. Der

Irak ist am 29. Oktober 1969 als eines der ersten Länder dem Vertrag über die Nichtverbreitung von Atomwaffen beigetreten und hat sich auch regelmäßigen Kontrollen der Inspektoren der Internationalen Atomenergie-Kommission in Wien unterworfen, doch, was bedeutet das schon?

Die Kontrolleure prüfen mit Unterwasser-Periskopen die Seriennummern von Brennelementen. Sie vergleichen Soll und Haben zwischen den Papieren der Lieferanten einerseits und dem, was sie sehen, andererseits. Sie forschen nach Blindstäben und erkennen am charakteristischen Blaulicht im Reaktor-Becken, ob die Elemente längere Zeit in Betrieb gewesen sind. Doch sie können nur prüfen, was ihnen offenbart wird, und der Stand der Kernkraft-Forschung ist eines der am besten gehüteten Geheimnisse im Irak. Niemand weiß, was unterirdisch abläuft.

Die westlichen Nachrichtendienste haben mehr als ein halbes Dutzend Standorte für das militärische Atomprogramm ausgemacht. Versteckt in den Klüften einer Gebirgskette an der türkischen Grenze, wurde in den letzten Jahren eine riesige Uran-Mine errichtet. Die seit Generationen dort lebenden Kurden wurden vertrieben – häufiger Gast bei den Uran-Bergleuten ist Hussein höchstselbst. Allein 1990 soll er siebenmal vor Ort gewesen sein.

Die Mine ist für ein Land auf dem Weg in die Selbstversorgung ein wichtiger Schritt. Im Natururan ist das für die A-Bomben-Schmiede notwendige Uran-235 enthalten, wenn auch nur zu 0,7 Prozent. Der bei weitem überwiegende Teil des Natururans besteht aus dem nicht spaltbaren Uran-238. Für normalen Kernkraftbetrieb muß deshalb der Anteil der Sorte 235 auf mindestens drei Prozent angereichert werden, für die Bombe müssen es über 90 Prozent sein. Um zu diesem Ziel zu gelangen, sind eine Reihe industrieller Arbeitsschritte erforderlich:

Nach dem Erzabbau muß das Uranoxid (UO_2) aus dem zerkleinerten Gestein gewonnen werden. Dies geschieht mit sauren und basischen Lösungen, aus denen das Uranoxid anschließend mit Hilfe anderer chemischer Stoffe ausgeflockt wird. Dieser aus der Lösung extrahierte Stoff wird eingedickt, getrocknet und als Yellow Cake gehandelt. Chemisch ist es kein reines UO_2 mehr, sondern Ammonium- oder Magnesiumdiuranat.

Mittlerweile verfügt der Irak über einen Vorrat von 1000 Tonnen Yellow-Cake. In der Bilanz tauchen auch Lieferungen aus Brasilien, Portugal und Italien auf. Für den Anreicherungsprozeß ist es notwendig, das Oxid chemisch von Uran zu Uranhexafluorid ($UF6$) umzuwandeln – $UF6$ ist bei Raumtemperatur ein fester, weißer Körper, der erst bei erhöhter Temperatur verdampft und in den gasförmigen Zustand übergeht. Diese Konversion findet nach Geheimdienstinformationen in Talabah, einem Vorort Bagdads, statt.

Zur Trennung des spaltbaren Uran-235 von dem etwas schwereren Uran-238 verwendet Bagdad das Zentrifugenverfahren, eine Trouvaille deutscher Ingenieurkunst. In dem luftleergepumpten Gehäuse der Zentrifuge dreht sich mit hoher Geschwindigkeit ein zylinderförmiger Rotor. Das Uran wird als $UF6$ in die Zentrifuge eingespeist und dort vom Rotor mitgerissen.

Durch die Zentrifugalkraft wird das schwere Uran-238 stärker an die Rotorwand gedrückt als das leichtere Uran-235, das nach unten strömt, wo es am Ende der Zentrifuge durch kleine, hakenförmige Röhrchen entnommen wird. Der mit nur einer Zentrifuge erzeugte Anreicherungsgrad reicht nicht mal aus, um die gewünschte Konzentration für einen stinknormalen Leichtwasserreaktor zu erreichen. Deshalb müssen viele Zentrifugen parallel betrieben werden. Eine Kaskade von etwa 1000 Geräten müßte ein Jahr störungsfrei laufen, um die notwendige Anreicherung für eine einzige Bombe zu erzielen.

Die Synchronisation der Zentrifugen ist knifflig – spezielle Magnete sind notwendig, um einen reibungslosen Lauf zu erreichen. Auch diese Magnete wurden in Deutschland in Auftrag gegeben. Bei »der irakischen Gasultrazentrifuge«, so erklärte Bundeswirtschaftsminister Helmut Haussmann im Sommer in kleiner Runde, »weisen Komponenten und teilweise auch Systemteile Konstruktionsmerkmale der verschiedenen deutschen Gasultrazentrifugen auf.«

Diese Zentrifugen werden auf Fließdrück- und Bandlegemaschinen hergestellt. Allein drei davon hat die Firma H + H Metalform nach Tadschi geliefert, wo die Kaskaden-Körper in Serie produziert werden.

Versuche mit solchen Kaskaden finden im Kernforschungszentrum Thuwaitha statt. Weitere Nuklear-Experimente werden in Mosul und Arbil durchgeführt. Nach Geheimdienstberichten haben deutsche Zentrifugen-Experten den Maschinenpark aufgebaut.

Verstärkt suchen Bagdads Einkäufer nach hochmoderner Technologie. Krytonen, kaum fingernagelgroße Zündelemente, sind hochbegehrt, und auch Hochgeschwindigkeitsschalter stehen auf der Wunschliste Bagdads. Kryton-Kondensatoren können auf die Zehnmillionstelsekunde genau die extrem kurzen, aber starken Stromstöße freisetzen, mit denen die Atombombenhülle aus konventionellen Detonatoren absolut zeitgleich rundum gezündet wird.

Bei begrenzter Sprengstoffmenge, Voraussetzung für kompakte Raketenköpfe, garantiert allein diese Gleichzeitigkeit, daß die Füllung aus Plutonium oder Uran, zur superkritischen Masse zusammengepreßt, ihre Vernichtungsenergie in einer Kettenreaktion freigibt. Ein amerikanischer Spezialist für die Verbreitung atomarer Waffen, Leonhard Spector, erklärte im

Urananreicherungsanlage für die Dritte Welt

Frühjahr 1990, ein Land beschaffe sich in der Regel solche Zünder erst dann, wenn das atomare Entwicklungsprogramm bis zur Herstellung einer Bombe innerhalb eines oder zwei Jahren fortgeschritten sei. Der Einkauf läuft auf vollen Touren. Mit der Entwicklung der nichtnuklearen Teile der Kernwaffe ist nach Mossad-Erkenntnissen die Al Qaqa Sate Establishment betraut. Sie soll über große Erfahrung mit modernen Hochexplosivsprengstoffen und Hochgeschwindigkeitsmeßtechnik verfügen.

Ohne Hilfe von außen wäre der Irak ein atomares Entwicklungsland. Die Franzosen haben »Osirak« aufgebaut. Die Italiener haben ein wichtiges radiochemisches Labor geliefert, mit dessen Hilfe der geringfügige Plutonium-Anteil aus abgebrannten Elementen extrahiert werden kann. Eine italienische Firma brachte auch die Deutschen ins Spiel.

So lieferte die Hanauer Nukem für Forschungszwecke vier Tonnen natürliches und sechs Tonnen abgereichertes Uran an die italienische SNIA TECHINT. »Entgegen den Festlegungen im Liefervertrag«, so die Nukem, sei der Stoff »an den Irak geliefert« worden. Der Liefervertrag habe »einen Verbleib in Italien« vorgesehen. Der Umweg sei Nukem »nicht bekannt« gewesen.

Das ist so üblich. In dem heißen Geschäft wird längst nicht alles offen geliefert. Panzer und Hubschrauber kommen auf Umwegen in Krisengebiete, Blaupausen für Kriegsgerät und technische Anlagen werden kaschiert, Experten und Ausbilder vermitteln ihr Wissen diskret, vor allem, wenn es um Atomkenntnisse geht. Wie das aussieht, läßt sich am irakischen Atom-Beispiel gut studieren; Brasilien hat jahrelang heimlich angereichertes Uran und Ausrüstungen für kerntechnische Atomtests an den Irak geliefert. »Größenwahn der Militärs« nennt die brasilianische Tageszeitung »Journal do Brasil« das Atomgeschäft, das die südamerikanische Diktatur mit dem Irak verband. Dabei wollten die Generäle gleichzeitig ihre Erdölrechnung senken und die einheimische Waffenindustrie fördern. Letztendlich aber hofften sie, sozusagen im Schatten Saddam Husseins, selber Atommacht zu werden.

Das brasilianische Atomprogramm stützte sich zunächst »hauptsächlich auf die Zusammenarbeit mit der Bundesrepublik«, wie der Bundesnachrichtendienst feststellte. Die Lücken des deutschen Programms, etwa in der Urananreicherung, füllten die Militärs mit einem geheimen »Parallel-Programm«, das sich jeglicher Aufsicht durch internationale Kontrollinstanzen entzog.

Aber auch die für das offizielle Atomprogramm zuständige Atomenergie-Behörde (Onen) und die staatliche KWU-Partnerin Nuclebrás waren aktiv am Atom-Pakt mit Bagdad beteiligt. Schon an der Montage des Reaktors »Osirak« hatten brasilianische Techniker mitgewirkt.

Mit Hilfe Deutschlands erstandene Labortechnik etwa wurde bereitwillig nach Bagdad weitergegeben. Techniker aus Rio de Janeiro entwarfen für den Irak eine Urandioxid-Fabrik, die aber nie gebaut wurde.

Im Irak und in Somalien suchten vom brasilianischen Geheimdienst SNI kontrollierte Geologen nach Uran. Auch für Mauretanien und Libyen sollen die geheimen Uranforscher die Wüste abgesucht haben, 1980 gründeten zwei Nuclebrás-Funktionäre eine Bergbau-Firma (Minenart Tecnologia Mineral, Ltda), um Uranvorkommen in der Ogaden-Wüste auszubeuten. Ungefähr zur selben Zeit fingen die Uranlieferungen von Brasilien an den Irak an. Knapp 100 Tonnen wurden verschifft, bis die britische Tageszeitung »The Guardian« das Geschäft im Juni 1981 enthüllte.

Obwohl der Bundesnachrichtendienst die Bundesregierung über die Lieferungen Brasiliens an den Irak stets detailliert informierte, wurde noch Ende 1989 das 1975 geschlossene deutsch-brasilianische Nuklearabkommen um weitere fünf Jahre verlängert, kein Zündstoff in Bonn.

Sicher scheint dem amerikanischen CIA, daß auch Pakistan seine Nuklear-Erfahrungen an den Irak vermittelt hat, und pakistanischen Atomeinkäufer haben sich illegal das meiste Material in der Bundesrepublik verschafft. Zwei Manager der Firma Neue Technologie GmbH (NTG) im hessischen Gelnhausen wurden deshalb am 29. Oktober 1990 von dem Hanauer Landgericht zu Freiheitsstrafen von drei Jahren und neun Monaten sowie fünf Jahren Haft verurteilt. Ein hilfreicher Wissenschaftler des Max-Planck-Instituts in Garching erhielt eine Bewährungsstrafe von 13 Monaten.

Jetzt rächt sich der skrupellose Geschäftssinn westlicher High-Tech-Exporteure, die nach dem Motto, wenn ich nicht liefere, liefert ein anderer, verkauft haben, was immer gewünscht und bezahlt wurde. Und gleichfalls rächt sich die lasche bis wohlwollende Aufsicht staatlicher Kontrolleure, die mit dem Blick auf das Gedeihen der heimischen Wirtschaft – wie im Fall NTG – Ausfuhrlizenzen oft wider die Vorschrift oder gar besseres Wissen erteilten.

Ländern wie dem Irak kann das nur recht sein. Neben den vielen Nuklear-Aktivitäten halten die Iraker in kastenförmigen mit Aluminium umhüllten Stäben ohnehin 12,3 Kilogramm hochangereichertes und damit waffenfähiges Uranmetall sowie zehn Kilo angereichertes Uranoxid in Reserve, das auf 80 Prozent angereichert worden ist. Das Uran wurde ihnen einst von Frankreich und der Sowjetunion zu Forschungszwecken überlassen. Bislang haben die Prüfer der Internationalen Atomenergie-Agentur in Wien zwar keine Veränderungen an dem Uran-Paket bemerkt, doch spaltbares Material läßt sich leicht abzweigen.

Rund 25 Kilogramm reichen für den Bau mindestens eines hochexplosiven Sprengkörpers, Doomsday mit einer primitiven Saddam-Bombe hätte bald kommen können. Harvard-Physiker Albert Carnesale erklärte eine Weile vor Beginn des Golfkrieges, daß der Irak die Bombe ohne jeden Test entwickeln kann.

»Für die Hiroshima-Bombe benutzten wir hochangereichertes Uran – dasselbe Zeug, das die Franzosen dem Irak geliefert haben. Und wir waren so sicher, daß dieser Bombentyp funktioniert, daß wir ihn kein einziges Mal ausprobiert haben. So eine simple Konstruktion war das.«

Fitnesskur für Scud B

Am 5. Dezember 1989 um 8.30 Uhr Ortszeit bebte auf dem neu errichteten Versuchszentrum in Rufah die Erde. Schwerfällig löste sich ein turmhohes Gefährt aus seinen Halterungen und stieg himmelwärts. Das Jubelgeschrei der Techniker wurde nur durch das Fauchen der Al-Abid übertönt.

Für den Irak hatte ein neues Zeitalter begonnen. Erstmals war es den Arabern gelungen, eine dreistufige Trägerrakete zu zünden. Am Tag darauf prahlte Hussein Karmil, Minister für militärische Industrialisierung und Schwiegersohn des Diktators Saddam Hussein, mit dem Probeschuß des ersten irakischen Satellitenträgers. Stolz behauptet der Minister, ein anderer Fernraketentyp »Tammus I« (Juli) – in Anspielung auf die Juli-Revolution von 1958, in der die Monarchie gestürzt wurde – habe bereits zweimal Zielgebiete in 2000 Kilometer erreicht.

Wochenlang untersuchte der israelische Geheimdienst Mossad Hunderte von Bildern, die ein Späher auf dem neu errichteten Testgelände von den Himmelskörpern geschossen hatte. Die Aufnahmen wurden mit erbeuteten, allerdings unvollständigen Bauplänen der 25 Meter hohen und 48 Tonnen schweren Rakete verglichen. Bei Al Abid werden in Erststufe fünf gebündelte, modifizierte Booster der Scud-B-Rakete gezündet. Sie erreichen einen Schub von etwa 70 Tonnen. Die Zweitstufe soll gleichfalls eine veränderte Scud mit einem erweiterten Durchmesser sein. Die Drittstufe ist nach Berechnungen der Israelis für einen Festtreibstoffantrieb vorgesehen.

Doch Karmil hat etwas übertrieben. Bei dem Test konnte offenkundig nur die Erststufe gezündet werden. Vermutlich waren beim Probelauf am 5. Dezember die Zweit- und die Drittstufe Dummies. Wenn Tel-Avivs Technik-Späher recht haben, muß der volle Erfolg der irakischen Fernraketen-Versuche also bezweifelt werden, nicht aber deren militärische Brisanz.

Der Irak ist längst nicht die einzige Raketen-Macht im Nahen Osten – etwa zehn Staaten dieser Region verfügen über solche Projektile. Saudi-Arabien besitzt die am weitesten reichende Mittelstreckenrakete vom Typ CSS-2. Sie wurde 1988 von China geliefert und hat eine Reichweite von 2500 Kilometer. Im besetzten Kuweit fielen den Irakis Flugkörper des veralteten sowjetischen Frog-Kurzstreckensystems in die Hände (70 Kilometer Reichweite). Libyen hat im Mai 1989 über Nordkorea 140 chinesische M-9-Raketen bestellt. Diese mobile Feststoffrakete über 650 Kilometer kann auch ABC-Sprengköpfe tragen.

Über Brasilien will Muammar el Gaddafi Raketen des Systems MB/EE und Fonda IV (Reichweite 300 bis 1000 Kilometer) beziehen. In Misrartah, nahe Tripolis, arbeiten die Libyer mit Hilfe deutscher Techniker an der Verbesserung der Al-Fatah (480 Kilometer). Die Staaten im Nahen Osten schieben sich die Waffen zu. Libyen wird von Syrien gedrängt, 60 der chinesischen M-9-Raketen an Damaskus weiterzureichen. Syrien hat bislang vor allem SS-21 Kurzstreckensysteme im Arsenal. Auch die Vereinigten Arabischen Emirate und Dubai sind über den Ringtausch in den Besitz von Raketen gelangt. Etwas hintenan ist der Iran, der im Nordwesten mit Chinas

Raketenfabrik bei Bagdad.

Hilfe eine Raketenfabrik baut. Sie soll Projektile mit 500 Kilometer Reichweite herstellen.

Das ehrgeizigste Raketenprogramm in Nahost verfolgt aber der Irak. Die Raketen, die im Golfkrieg zu Dutzenden auf iranische Städte niedergingen, trugen entscheidend dazu bei, daß die Mullahs die Waffen niederlegten. Durch ein breites Raketenprogramm sind große Gebiete angrenzender Staaten in die Reichweite irakischer Sprengköpfe geraten, und auch Techniker der früheren DDR haben dem Irak bei der Raketentechnik auf die Sprünge geholfen. Aber es waren wieder westdeutsche Ingenieure, die dem Programm die entscheidenden Impulse gaben.

Es begann 1979 in Buenos Aires. Unter dem Code-Name »Condor I« plante die damalige argentinische Militärjunta den Bau einer Wetterforschungsrakete. Den Auftrag teilten sich der Ottobrunner Rüstungskonzern Messerschmitt-Bölkow-Blohm (MBB) und die Schweizer Bowas AG für Industrieplanung, ein Unternehmen mit Verbindungen zur Krupp-Dynastie. Erstes Ergebnis der Entwicklungsarbeit war eine Rakete des Typs Condor 1 A – mit einer geringen Reichweite von 150 Kilometern nicht gerade ein Donnerkeil. Doch Argentinien wollte mehr. Unter dem Decknamen »Vector« konzipierte MBB ein weitreichendes Geschoß, die Condor II, mit einer Reichweite zwischen 750 und 1000 Kilometern.

Auf Druck der USA schied MBB aus dem Projekt aus – die Amerikaner hatten mehrfach in Bonn interveniert. Firmenjongleure knüpften daraufhin ein Netz von Unternehmen, in denen vorwiegend deutsche Techniker und Manager arbeiteten; die meisten von ihnen waren früher bei MBB beschäftigt.

Ein verwirrendes Versteckspiel rund um den Globus begann. Firmen wurden gegründet und gleich wieder geschlossen. MBB hingegen hielt über Jahre mit diesen Firmen der Ehemaligen Verbindung. Als Partner trat Ägypten auf, dann endlich kam Bagdad ins Spiel. 1987 wurde zwischen der Militärfirma »Technical Corps for Special Projects« (Teco) und der Condor Projekt AG ein Vertrag über die Fortführung des Condor II-Projektes geschlossen. Parallel dazu lief ein gewaltiges Raketenforschungsprogramm an. Die Bielefelder Gildemeister Projecta GmbH baute in Mosul das größte Militärforschungszentrum im Nahen Osten. Auftraggeber war die Bagdader Saad Establishment, die Anlage bekam die Bezeichnung Saad 16.

Deutscher Aufbau in Mosul

Dutzende bundesdeutscher Betriebe wie die Rheinmetall-Tochter Aviatest oder die MBB-Tochter Transtechnica lieferten die Technik und stellen die Ausbilder für das in einem Tal gelegene und vom Militär streng bewachte Zentrum.

Transtechnica vermarktete das MBB-Know-how. Unter fachmännischer Aufsicht, heißt es in einem Transtechnica-Prospekt, sollen »die Kenntnisse von Offizieren und Spezialisten im Bereich der Raketentechnologie, theoretische Baukenntnisse eingeschlossen, erweitert und verbessert werden«. Darauf hatten es die Iraker abgesehen.

In Saad 16 wird eifrig an der Entwicklung der Condor II gearbeitet – das Boden-Boden-Geschoß bekam die Projektnummer 395. Alle Forschungsergebnisse der Condor-Crew aus Ägypten und Argentinien wurden nach Mosul transferiert.

Die Oberaufsicht über das Projekt hat Generalleutnant Amir Al-Saadi, der mit einer Deutschen verheiratet ist und in den sechziger Jahren in Deutschland studiert hat. Saadi und die früheren MBB-Leute schafften über westeuropäische Firmen hochtechnologische Komponenten heran. Der hohe Offizier stellte den Lieferanten Zertifikate aus. Die Technologie war angeblich für den Aufbau einer irakischen Forschungsuniversität bestimmt.

Das Projekt 395 wurde offenbar einem Journalisten zum Verhängnis. Der Observer-Reporter Farzad Bazoft war Anfang 1990 von Husseins Häschern in der Nähe der 395-Station El Hilla festgenommen worden. Er wurde nach kurzem Prozeß wegen angeblicher Spionage für Israel umgebracht.

Dabei sind die Details der Condor II kein Geheimnis mehr. Die zweistufige Rakete hat eine Länge von 10,30 Metern und einen Durchmesser von 80 Zentimetern. Während die Argentinier in der zweiten Stufe mit Flüssigstoffantrieb arbeiten, hat die irakische Rakete Festtreibstoff für beide Stufen. Nach Angaben eines Helfers liegt die Nutzlast bei 350 Kilogramm. Das deutsch-italienische Triebwerk entspricht dem der amerikanischen Pershing 2. Transporttechnik und Abschußvorrichtung für die bewegliche Condor II stammen aus der Bundesrepublik.

Parallel dazu wird aber auch die Weiterentwicklung und zukünftige Fertigung des Flüssigmotors der zweiten Stufe verfolgt. Offenbar soll die Condor II mit einer dritten Stufe ausgerüstet werden. Sie könnte dann geringe Lasten in den Weltraum tragen. Seit Anfang 1988 werden südwestlich von Bagdad drei Produktionsstätten für 395 errichtet. Aber auf Fotos der Spionage-Satelliten ist noch keine Produktionsaufnahme zu beobachten.

Auch Brasilien war in die Raketenaufrüstung eingeschaltet. Im Technologischen Zentrum der Luftwaffe (CTA) in Sao José dos Campos entwickelten die Brasilianer mit deutscher Hilfe eine ganze Reihe von Forschungsraketen. Die Technologie wurde weitergegeben an die Firma Avibrás, die an den Irak für mindestens 100 Millionen Dollar ungelenkte Artillerieraketen lieferte.

Das von Brigadegeneral Hugo Piva geleitete Forschungs- und Raumfahrtprogramm der CTA sollte auch zum Bau einer ballistischen Mittelstrecken-Lenkwaffe führen. Noch Anfang 1989 versuchte General Piva, seit kurzem an der Spitze eines privaten Teams von Waffentechnikern, das Projekt eines Überwachungssatelliten für den Irak in Gang zu setzen.

Die Irakis plagen gleichwohl Sorgen. Sie haben offenbar immer noch eine Menge mit der Verbesserung der Scud-B-Rakete zu tun – alles kann auch ein Saddam Hussein nicht auf einmal schaffen. Die Scud-B ist technisch nicht gerade ein Wunderwerk – ein altmodisches Geschoß, das Ende der fünfziger, Anfang der sechziger Jahre in der Sowjetunion als SS-1C entwickelt wurde. Die Rakete besaß eine Reichweite von lediglich 288 Kilometern und hatte eine Nutzlast von über einer Tonne. Sie muß vor dem Abschuß mit Flüssigtreibstoff aufgetankt werden; ihr Zielmechanismus beruht auf einem Kreiselkompaß, der nur Abweichungen von der ballistischen Flugbahn korrigieren kann. Ein ganzes Heer von Kriegshandwerkern müht sich nun seit Jahren, die alte Scud flottzumachen. Die Programme zur Verbesserung der Scud laufen unter den Tarnkürzeln 1728 und 144. Zunächst mal wurde die tonnenschwere Rakete kräftig abgespeckt. Die Nutzlast verringerte sich auf etwa 300 bis 350 Kilogramm, und so wurde die Reichweite mehr als verdoppelt. Die Rakete bekam den Namen Al Hussein.

Äußerlich ist die Veränderung auch durch Späher vor Ort nicht leicht auszumachen. Al Hussein hat mit einer Länge von 11,20 Metern und einem Durchmesser von 90 Zentimetern etwa die Maße der alten Scud (11,50 Meter/88 Zentimeter).

Auf den Militärparaden wird neuerdings die Hussein-Schwester Al Abbas bejubelt. Sie ist 14,50 Meter lang, das machen die großen Treibstofftanks. Al Abbas wurde im April 1988 erstmals getestet und soll 900 Kilometer schaffen.

Die irakischen Versionen der Scud B können von mobilen Startplattformen abgeschossen werden, die aus einem Saab-Lastwagen mit einer hydraulischen Hubvorrichtung bestehen. Die Raketen werden in Falludscha umgebaut, das ist jener Ort, wo die deutschen Anlagen zur Produktion der Vorprodukte für Nervenkampfstoffe stehen.

Zwei feste Raketenbasen befinden sich nach einer Analyse des Instituts für Nahostpolitik in Washington in Al-Abeed und Al-Anbar westlich von Bagdad. Im Juni 1989 wurde mit dem Bau von fünf weiteren Stützpunkten begonnen. Zwei davon liegen nahe des Flugplatzes Rutba westlich von Bagdad, zwei weitere in Mosul und die fünfte nahe der Grenze zu Saudi-Arabien.

Die irakische Scud-B-Rakete gilt allerdings nicht als Präzisionswaffe. Die Streuung einer Rakete beträgt etwa ein bis drei Kilometer, je nach Schußweite. Die mangelnde Treffgenauigkeit wird es schwer machen, selbst größere Ziele wie Flugplätze über eine Entfernung von mehr als 800 Kilometern hinweg zu bombardieren.

Angesichts solcher Probleme nahm der Irak nicht nur von den Deutschen High-Tech-Hilfe an. Der geheimnisumwitterte Forscher Gerald Bull, Chef der Brüsseler Space Research, bot sich dem Irak an. Ein fanatischer Wissenschaftler, der keinerlei politische Skrupel hatte. Er war von Sarkis Soghanaliam, einem in Miami lebenden Waffenhändler, mit irakischen Regierungsvertretern zusammengebracht worden.

Doch Bull wurde ein Opfer seines Waffenwahns. Obwohl Hussein zwei Leibwächter zu Bulls Schutz abgeordnet hatte, und er unter anderem Namen in Brüssel gemeldet war, erwischten ihn die Verfolger.

Es müssen Profis gewesen sein, die ihm am 22. März 1990 in der »Residence Minerve« auflauerten. Die Killer müssen die Gewohnheiten des »Dr. Kabuse«, wie er in der Waffenszene hieß, gut gekannt haben. Nur ein paar Tage im Monat suchte er das winzige Appartement im Brüsseler Vorort Uccle auf, und als er an jenem Donnerstagabend in seine Wohnung im sechsten Stock hinauffuhr, wurde er schon erwartet. Zwei Schüsse aus einer Pistole mit Schalldämpfer, Kaliber 7,65, trafen ihn aus nächster Nähe in den Nacken, drei gingen in den Rücken. Es war ein Mord im höheren Auftrag. 20 000 Dollar, die der Tote bei sich trug, waren unberührt geblieben. Der Sohn des ermordeten Wissenschaftlers, Michel Bull, verdächtigt den israelischen Geheimdienst Mossad, seinen Vater getötet zu haben. Mag sein, die Raketenbauer des Saddam Hussein leben wirklich gefährlich.

Da fliegt mal bei Consen-Chef Ekkehard Schrotz ein Auto in die Luft, da versteckt sich 1728-Lieferant Friedrich-Simon Heiner aus Bonn nach einem Warnschreiben vor möglichen Besuchern. Manchmal wird auch heiß abgebrannt. Am 27. April 1990 ging in Salzburg das Büro der Delta Consult Studien GmbH in Flammen auf. Die zur Consen-Gruppe gehörende Firma hatte elektronische Baupläne für Raketen geliefert – im lautlosen Krieg der Dienste können aus Tätern Opfer werden.

Der Kanonenwahn

Die Kanone hat stets die Phantasie der Despoten beflügelt, und sie ist auch im Atomzeitalter noch ein Faszinosum.

Ihre Kulturgeschichte ist lang: Es gibt Kartaunen, Halbkartaunen, Falkaunen, Mörser und Haubitzen, Küsten-, Festungs-, Schiffs-, Eisenbahn- und Sturmgeschütze, Steilfeuerkanonen und Feldschlangen, doch keiner auf der Welt will solche Böller wie Saddam Hussein. Sie sind ein symbolischer Ausdruck für seinen Anspruch, der Stärkste im arabischen Lager zu sein.

In seinem Aufrüstungswahn läßt der Diktator Monster-Geschütze bauen – Superkanonen, die Satelliten ins All schießen können, aber auch Sprengköpfe in den Nahen Osten. Geholfen hat ihm dabei jener Ballistiker Gerald Vincent Bull, den der angesehene US-Rüstungsexperte John E. Pike als »das größte Artillerie-Genie der Geschichte« bezeichnete.

Die Big Gun mit den Tarn-Namen »Babylon«, »PC 2«, »Projekt 839« und »Petrochemical Projekt 2« umfaßt zwei Geschütze ähnlichen Typs, aber unterschiedlichen Kalibers. Ein Riesenrohr soll eine Bohrung von einem Meter und eine Länge von 150 Metern haben, das andere ein Kaliber von 350 Millimetern mit 52 Metern Rohrlänge. Mit der Superkanone will sich Hussein eine Waffe beschaffen, die einfacher und billiger ist als alles, was seine Raketentechniker bislang gebaut haben. Eine solche Kanone kann zu einem Bruchteil der Kosten immer wieder neue Nutzlasten transportieren.

Zudem ist der technische Aufwand für vergleichbare Zielgenauigkeit bei Raketen um ein Vielfaches höher. Ein Geschoß verläßt, anders als die langsam startende Rakete, mit einer so hohen Geschwindigkeit das Rohr, daß seine Flugbahn von Wind und Wetter viel weniger beeinträchtigt wird.

Die potentesten je gebauten Steilfeuergeschütze waren Krupps »Dicke Berta« (Kaliber 42 Zentimeter) sowie ihre Nachfolger »Thor« (60 Zentimeter) und »Dora« (80 Zentimeter), das Eisenbahngeschütz von Adolf Hitler, das 1942 Sewastopol in Schutt und Asche legte. Die größte mit konventioneller Rohrartillerie erreichte Schußweite wurde Anfang 1918 erzielt: das »Paris-Geschütz«, auch »Wilhelm-Kanone« genannt, verschoß ein 106 Kilogramm schweres Projektil 128 Kilometer weit: Weltrekord.

Drei Exemplare dieser Schwerst-Artillerie waren von Krupp-Konstrukteuren entwickelt worden. Jedes Wilhelmgeschütz war 34 Meter lang und konnte pro Stunde dreimal feuern. Vor jedem Schuß wurde mit eigens entwickelten optischen Instrumenten das Innere der Geschützrohre überprüft. Die Ausweitung des Rohres mußte nach jedem Schuß ausgeglichen werden. Nach insgesamt 289 Schüssen waren die Rekordkanonen Schrott, eine der vielen Episoden militärischen Wahns.

Doch Bull hat die Geschichte dieses Riesengeschützes genau studiert. In den Sechzigern entwickelte der Physiker die Idee, Satelliten mit Riesen-Kanonen ins All zu schießen. Wie beim Paris-Geschütz, für das mehrere Rohre unterschiedlicher Kaliber ineinandergesteckt wurden, ließ Bull bei seinem High Altitude Research Project (Harp) 40,6-Zentimeter-Rohre von amerikanischen Weltkriegs-Schlachtschiffen zu insgesamt drei Versuchsgeschützen zusammenfügen. Schon mit diesen vergleichsweise primitiven Geschützen erzielte er einen bislang unerreichten Höhenrekord von 180 Kilometern.

Mit seinen megalomanen Phantasien fand er im Irak eine begierige Zuhörerschaft. Selbst die sonst so kundigen Späher des israelischen Geheimdienstes wissen allerdings nicht, ob die beiden Riesenrohre im Irak schon montiert sind, unklar ist, ob sie überhaupt funktionieren können. Die Big Gun ist technisch ein heikles Unterfangen.

Um die Schußweite der klassischen Ferngeschütze zu übertreffen, muß die Mündungsgeschwindigkeit erhöht werden. Dies ist nach den Gesetzen der Physik nicht einfach. Geschosse werden in erster Linie durch die Schockwelle beschleunigt, die sich bei der Detonation der Treibladung ergibt, sowie durch den Druck der Explosionsgase im Rohr. Das Geschoß verläßt aber unter Umständen das Geschütz, bevor die Treibladung abgebrannt ist. Deshalb muß es durch zusätzlich gestaffelt gezündete Treibladungen weiter beschleunigt werden. Das Problem dabei ist, daß diese Zwischenladungen auf eine tausendstel Sekunde genau zünden müssen. Detoniert die Zwischenladung zu früh, so bremst sie das Geschoß ab – kommt sie zu spät, ist die Beschleunigungswirkung ungenügend.

Geheimdienstler vermuten, daß Husseins Einkäufer deshalb im März 1990 versucht haben, über London an 40 Präzisionskondensatoren zu kommen. Damit lassen sich äußerst genaue Zündschaltungen mit Picosekundenpräzision bauen. Ob der Irak ohne den im März ermordeten Bull, den »Wernher von Braun der Superkanonen-Technologie« (Pike), ein solch ausgeklügeltes Geschütz mit gestaffelt detonierenden Zwischenladungen zu Ende bauen konnte, ist ungewiß.

Fest steht, daß im von Deutschen errichteten Militärforschungszentrum Mosul Versuche mit einem Modell des Mammut-Rohres durchgeführt werden. Nach Berechnungen von Experten könnte der Irak mit einer funktionierenden Big Gun mindestens 450 Kilometer weit schießen.

Wenn die Militärs statt einer Sprenggranate eine Rakete mit der Kanone befördern sollten, könnte der Flugkörper im Rohr vorbeschleunigt werden. So ließe sich selbst die Reichweite der altmodischen Scud-B-Rakete erheblich steigern. Aber auch ohne die Superhaubitze ist die irakische Artillerie eine der am besten ausgestatteten Geschütztruppen der Welt. Für Bagdad entwickelte Bull zwei hochwertige Geschütztypen auf Selbstfahrlafetten. Die Waffe vom Typ »Al Fao« hat bei einem Kaliber von 21 Zentimetern eine Reichweite von 56 Kilometern. Bulls »Al Fao« gilt neben seiner für Südafrika entwickelten G-5-Haubitze als das beste Artilleriegeschütz der Welt. Je Minute können bis zu vier jeweils 120 Kilogramm schwere Geschosse abgefeuert werden. Ähnlich gute Ergebnisse erzielt die zweite Selbstfahrlafette. Allerdings ist sie nicht gerade von imponierendem Format. Das Geschütz »Majnoon« weist nur ein Kaliber von 15,5 Zentimetern auf.

Die Superbombe

Die Superbombe des Saddam Hussein (Fuel Air Explosive) ist eine bisher weitgehend unbekannte konventionelle Waffe, die bei den Alliierten im Golf großen Schrecken verbreitete. Die »FAE-Sprengköpfe«, so der britische Waffenexperte David Saw, »sind extrem gefährlich und vernichtend«. Sie erhalten ihre verheerende Gewalt weder durch herkömmliches Dynamit noch durch atomare Kraft. Der von MBB entwickelte Gefechtskopf ist eine Art Benzin-Bombe, die ihren mit Sauerstoff angereicherten flüssigen Inhalt als Aerosol ganz fein in der Luft verteilt (siehe Seite 116 ff.). Nach einer vorprogrammierten Zeitspanne wird die Munition gezündet und erzeugt eine Druckwelle, die mit Schallgeschwindigkeit vom Detonationspunkt nach außen wandert. Im Zentrum der Explosion wird eine Druckwelle erzeugt, die der eines kleinen Atomsprengsatzes gleicht. In amerikanischen Tests wurde nachgewiesen, daß die Wirkung des Feuerballs fünfmal größer als bei Zündung einer TNT-Ladung ist. Im Umkreis von 150 Metern ist die Waffe absolut tödlich, auch wenn die Druckwelle abnimmt, können Menschen noch weggeblasen werden. Vorläufer dieser Waffe setzten die Amerikaner in Vietnam und die Russen in Afghanistan ein. Nach Ermittlungen des renommierten Stockholmer Instituts für Friedensforschung (SIPRI) haben mittlerweile die Streitkräfte der NATO und die des Warschauer Paktes FAE-Waffen für einen Einsatz in Europa entwickelt. Es ist die geeignete Waffe zum Räumen großer Minenfelder oder zum Einsatz gegen Flugzeuge und Truppen in den Flugzeugen. Nach Ansicht von Kenneth S. Brower, Vizepräsident der militärischen Beratungsfirma Spectrum Associates Incorporated in Washington, »reduziert FAE-Munition den Wert von konventionellen Feldbefestigungen« oder von »abgesessener kämpfender Infanterie in bewohnten Gebieten praktisch auf Null«. Nur »rundum druckdichte Wände«, so Brower, könnten gegen »die Druckwelle der Detonation schützen«. Mit »Hilfe dieser Waffen lassen sich feindfreie Schneisen in bebaute Gebiete schlagen, durch die gepanzerte Fahrzeuge ungehindert in den Ortskern eindringen können«.

Saddam Hussein, der durch Umweglieferungen aus Deutschland erstmals 1989 in den Besitz der Waffe gelangte, will sein FAE-Arsenal weiter aufrüsten. In seinem Auftrag versuchten libysche Partner im Herbst 1990 FAE-Sprengköpfe bei der chilenischen Waffenfirma Industrias Caroen zu erwerben.

Die Drachenflieger

Die arabischen Staaten füllen ihre Waffen-Basare auch mit exotischen Geräten. Hochbegehrt zwischen Damaskus und Tripolis sind motorisierte Segeldrachen, natürlich made in Germany.

Die superleichten Feuervögel werden im Guerillakrieg gegen Israel eingesetzt. Mal nur dreißig, mal hundert Meter über Wüstensand oder Küstenwege schweben die Angreifer mit Handraketen oder Brandbomben heran, um Raffinerien und Munitionslager zu attackieren.

Bayerische Techniker haben vor mehr als einem Jahrzehnt diese Hängegleiter als Freizeitgerät entwickelt, und immer wieder führt bei Nahost-Transfers die Spur in die Bundesrepublik.

Aufmerksam registrieren die Späher der Nachrichtendienste die Aktivitäten von Bastlern wie Norbert Schwarze aus Werther im Münsterland. So machten die USA in einer Demarche vom 30. November 1989 darauf aufmerksam, daß Schwarzes Gerät über Zypern und Griechenland wiederholt nach Damaskus gelangt war. Die Oberfinanzdirektion Münster wurde eingeschaltet.

Im Sommer 1990 hatte der Tüftler erneut die Zollfahndung zu Besuch. Diesmal sollten Ersatzteile für die motorisierten Winzlinge auf Umwegen nach Nahost transportiert worden sein. Der Hersteller des »Minimum«-Fliegers konnte die Aufregung nicht verstehen. Er sagt das, was auch die Großen sagen: »Man kann doch nicht VW verbieten, weil einer mal Sprengstoff in einem Volkswagen versteckt hat.«

Barbouti und die Geschäfte von H + H

Die Ärzte im Londoner Queen-Mary-University-Hospital konnten Ihsan Barbouti nicht mehr helfen. Sie diagnostizierten Herzversagen nach einer Lungenentzündung. Doch die Familie des schwerreichen Geschäftsmannes glaubte nicht an einen natürlichen Tod und schaltete Scotland Yard ein.

Die Angehörigen des 63jährigen Arabers hegen den Verdacht, daß Barbouti am 1. Juli 1990 ermordet wurde – durch eine Giftinjektion oder durch eine Giftgasinhalation.

Keineswegs ein abwegiger Verdacht. Barbouti hatte viele Feinde. Der Architektur-Professor mit Wohnsitzen in London und Frankfurt war einer der wichtigsten Waffenbeschaffer für Libyen und Diktator Hussein.

Anfang 1985 hatte Barbouti in Frankfurt die IBI Engeneering GmbH gegründet. Den Ausschlag dafür hatte der Besuch des Exil-Arabers bei Jürgen Hippenstiel, dem damaligen Chef der Chemie-Firma Imhausen, im Juni 1984 gegeben. Drei Monate später traf sich Barbouti erneut mit Hippenstiel. Diesmal kam der Vertraute des libyschen Staatschefs Muammar el-Gaddafi in Begleitung von zwei libyschen Regierungsvertretern.

Nach kurzer Verhandlung unterzeichnete Hippenstiel den Vertrag über die Lieferung einer Chemie-Anlage mit der Bezeichnung »Pharma 150«. Über Tarnfirmen in Hongkong ließen die Firma Imhausen und ihr Partner, die damals noch staatseigene Salzgitter Industriebau GmbH, die Anlage ins libysche Rabita schaffen. Die Fabrik stand kurz vor der Fertigstellung, als sie 1987 enttarnt wurde – als größte Giftgasfabrik in der Dritten Welt mit einer geplanten Produktionskapazität von ein bis drei Tonnen Sarin täglich.

Barbouti aber reichte die Rolle eines Vermittlers nicht. Der geschäftstüchtige Iraker wollte selbst Geschäfte mit dem heißbegehrten Giftgas machen. In Florida kaufte er die Product Ingredient Technology, eine Firma zur Herstellung von Bittermandelöl, ein natürliches Produkt aus Kirschkernen. Barbouti aber war ausschließlich an dem Abfallprodukt interessiert – einer Blausäureverbindung.

Nach den bisherigen Ermittlungen amerikanischer Geheimdienstler ließ Barbouti fünf Fässer mit Cyanid-Verbindungen nachts heimlich vom Fabrikgelände schaffen. Ehemalige Mitarbeiter gaben später an, ihr Chef habe die Abfallprodukte seiner Aromafabrik in die Bundesrepublik transportieren lassen wollen.

Barbouti hatte inzwischen seine IBI Engineering GmbH in Frankfurt zu einer Drehscheibe für die Waffenbeschaffung der Iraker ausgebaut – allerdings nicht für Massenprodukte. Spezialitäten standen auf Barboutis Einkaufsliste. So kaufte er beispielsweise in den USA eine Fabrik für Spezialrohre aus Kunststoffen, die auch korrosionsbeständig gegenüber Giftgasen waren. Ein Großteil der Produktion, vermuten heute Militärexperten, wurde in den Nahen Osten geschafft.

Zwangsläufig kam der Mann, der sich in privaten Gesprächen gern als Kenner der feinen Künste rühmen ließ, bei seinen Geschäften auch mit Peter Hütten zusammen. Der Kaufmann aus dem Münsterland war in der Zwischenzeit zu einem der wichtigsten Lieferanten von Diktator Hussein geworden.

Hütten und sein Kompagnon Dietrich Hinze, Chefs der Drensteinfurter H + H Metalform, sollen dem Regime im Irak bei der Aufrüstung mit Waffentechnik vom Feinsten behilflich gewesen sein. Barbouti hatte besonderes Interesse für eine H + H-Maschine, die vom Münchener MAN-Konzern entwickelt worden war – eine sogenannte Booster-Maschine für den Antrieb einer neuen Europa-Rakete vom Typ Ariane.

Gebaut wurde die Maschine von einer Dortmunder Tochterfirma des Thyssen-Konzerns. Pläne dieser Maschine gelangten dann in den Besitz von Hinze und Hütten. H + H bot die Maschine dann später im Kundenkatalog als eigenes Produkt an. Mit Barbouti sollen auch Gespräche über den Ankauf der Booster für den Irak geführt worden sein.

Mit der von MAN entwickelten Technologie werden wesentliche Antriebsteile der Ariane hergestellt. Dazu gehören der untere 27 Meter lange Teil des Raketenkörpers und sogenannte Turbo-Pumpen für den Antrieb. Deutsche Fahnder befürchten nun, daß der Irak über die Verbindung Barbouti, H + H und Thyssen heute schon über das Antriebsknow-how der neuen modernen Europa-Rakete Ariane verfügt, die erst 1995 ins All geschossen werden soll.

Das Booster-Verfahren von MAN basiert auf der sogenannten Fließdrücktechnik, die auf dem Rüstungsmarkt eine bedeutende Rolle spielt. H + H gilt auch als Spezialist für solche Maschinen. Hinze und Hütten haben den Irak mit Maschinen der Baureihe DV 450 – 40 – 2100 beliefert. Darauf lassen sich Zentrifugen für die 90prozentige Anreicherung von Uran 235 herstellen.

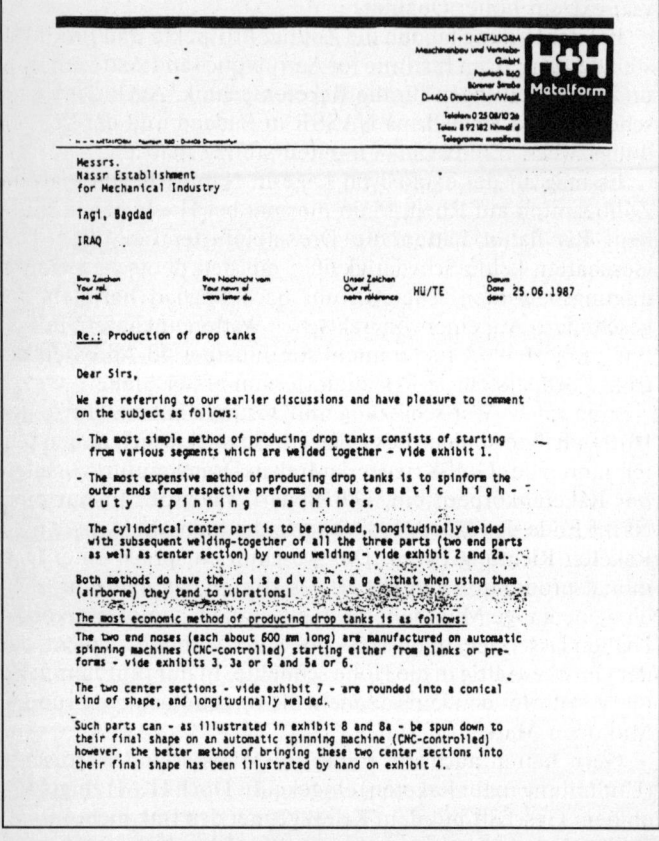

Drop-tanks von H + H für die Freunde in Bagdad

H + H war ein vielseitiger Irak-Lieferant. Mitte 1987 ließen die Drensteinfurter Spezialisten bei der Meed International, einer Dependance des irakischen Kriegsministeriums in London, anfragen, ob Interesse an der Lieferung von Abwurftanks bestünde. Mit solchen »drop tanks« können C-Waffen von Flugzeugen aus eingesetzt werden.

Im Sommer 1990 hatten Zöllner auf dem Frankfurter Flughafen eine H + H-Kiste für den Irak entdeckt, die laut Frachtpapieren Teile für eine Joghurt-Abfüllanlage enthielt. Die Skepsis zahlte sich aus. Die Kisten enthielten Maschinenbestandteile von extrem hoher Qualität.

Bei der Ladung fanden die Zöllner Prospekte und Produktlisten des American Institute for Aeronautics and Astronomities und Bauanleitungen für die Raketentechnik. Auch der Lieferschein an die Staatsfirma NASSR in Badgad und der Verwendungszweck »Projekt 144« mußten stutzig machen.

Es mag an der explosiven Lage in Nahost liegen, daß die Zollbeamten auf Rhein-Main diesmal bei H + H genau hinsahen. Bis dahin hatten die Drensteinfurter bei ihren Irak-Geschäften keine Schwierigkeiten mit den deutschen Genehmigungsbehörden. Die Ausfuhr nach Bagdad lief stets wie geschmiert. Auf einer von irakischen Waffeneinkäufern in London aufgestellten Lieferantenliste mit über 40 Adressen aus ganz Europa steht H + H immerhin an erster Stelle.

Eine solche Wertschätzung muß Gründe haben. Hinze und Hütten haben so manches geliefert. So deckte sich in den letzten Jahren des Golf-Krieges der Irak in Drensteinfurt vor allem mit Raketenkörpern ein. Der Bedarf war groß: In nur einer Nacht Ende des Jahres 1987 feuerte die irakische Armee 6000 Raketen Richtung Feind. Der Abschuß entsprach einer Dreimonatsproduktion von H + H. Als Hütten davon erfuhr, sagte eine ehemalige Mitarbeiterin, habe er die Champagnerkorken knallen lassen. Bei 4000 Mark pro Stück wundert es nicht, daß der Umsatz kräftig in die Höhe schnellte. In nur fünf Jahren hat die Metalform den Umsatz mehr als verzehnfacht, auf rund 42 Millionen Mark.

Gern hätten auch die Iraner im Münsterland Kartuschen (Umhüllungen für Raketen) eingekauft. Doch H + H zeigte sich an dem Geschäft mit dem Kriegsgegner des Irak nicht interessiert.

Vielleicht erfolgte der Verzicht nicht ganz freiwillig. Die »Spezialisten world-wide für Raumfahrtteile oder Kochtöpfe« (Eigenwerbung) sind nicht mehr Herr im eigenen Haus. Fahnder von BKA und BND stellten fest, daß sich Iraker heimlich an der Firma beteiligten.

Das Treiben im westlichen Münsterland hätte womöglich schon vor vier Jahren gestoppt werden können, ohne größeren Flurschaden. Die Betriebsprüfungsstelle Zoll für den Oberfinanzbezirk Münster fand damals erste Hinweise auf unkorrektes Geschäftsgebaren.

Mit 66 Lieferungen hatte H + H 16 200 Teile für Raketenmotoren in die Niederlande (Wert 5,02 Millionen Mark) und ein Werkzeug zur Herstellung von Raketenmotorgehäusen (36 840 Mark) nach Brasilien exportiert. Beide Sendungen waren nicht genehmigt.

Die amtliche Reaktion entsprach der auch im Fall Imhausen/Rabita offenkundig gewordenen Laxheit bei illegalen Exporten. »Wegen der festgestellten Gesetzesverstöße« verhängte die Oberfinanzdirektion Münster eine Geldbuße von gerade mal 2000 Mark.

Gänzlich unbeanstandet blieb die Lieferung einer zur Herstellung von Zentrifugen geeigneten Drückwalzmaschine (Preis 1,982 Millionen Mark) nach Sao Paulo. Auftraggeber war die Marinekommission, und die ist zuständig für die brasilianische Urananreicherung. Gerade Brasilien gilt als einer der wichtigsten Rüstungshelfer des Irak. Das Land machte mit Bagdad Geschäfte vorwiegend mit im Westen gekaufter hochmoderner Waffentechnologie.

Nach neuesten Erkenntnissen stellt der Irak Granaten her, für die irakische Unterhändler 1987 bei Hütten (»Dear Peter«) Maschinen für die Kaliber 130, 155 und 175 Millimeter bestellten, direkt ab Drensteinfurt.

Wer so tüchtig ist, hat auch schon mal staatliche Anerkennung verdient. Das Bundesforschungsministerium hatte H + H sogar als förderungswürdig anerkannt und mit Forschungsmitteln für die Weiterentwicklung einer Maschine bedacht. Deren verbesserte Version hilft dem Irak heute bei der Atomforschung.

Weil die Geschäfte von H + H in der Öffentlichkeit für immer mehr Aufmerksamkeit sorgten, kam der Geldfluß ins Stocken, Bonn fror schließlich weitere Förderungsmittel für Hinze und Hütten ein.

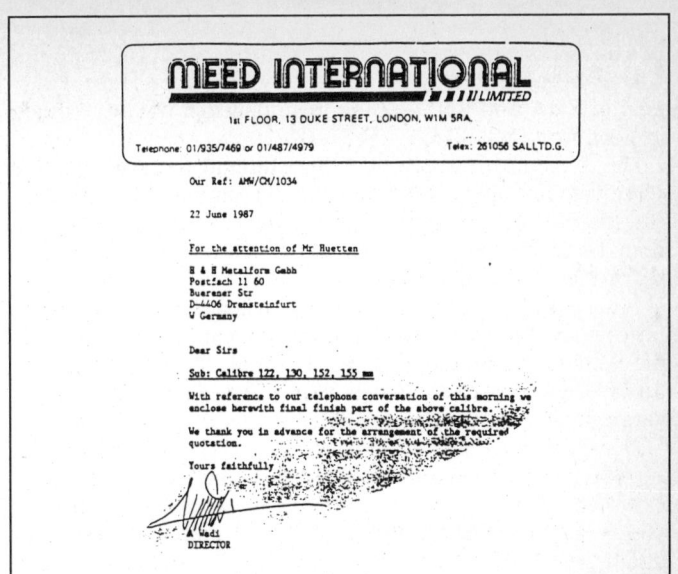

Kaliber 155 Millimeter aus Drensteinfurt

Das Nachrichtenmagazin DER SPIEGEL hatte im Dezember 1989 und mehrfach auch im Sommer 1990 über die florierenden Geschäftsbeziehungen der westfälischen Firma geschrieben. Das Echo war beträchtlich. H + H wurde in den USA mittlerweile zum Thema, und Anfang September rückte ein Fernsehteam aus London in Drensteinfurt an. Als die Crew des britischen Senders »Thames Television« vor der roten Backsteinverwaltung die Kamera in Position bringen wollte, raste plötzlich ein Mercedes auf die Gruppe zu. Die Fernsehleute sprangen zur Seite, die Filmausrüstung wurde umgestoßen.

»Mehrere Male«, sagt die britische Fernsehreporterin Margret Gilmore, »wiederholte sich der Vorgang.« Sobald die Kamera wieder aufgebaut war, nahm Hütten erneut Anlauf und brauste auf das Team zu. Es kam schließlich zum Handgemenge. »Wenn Sie weiterfilmen«, drohte der Firmenchef, »schlage ich die Kamera in tausend Stücke.« Das britische Fernsehen hat inzwischen wegen des Vorfalls bei der deutschen Botschaft in London protestiert.

Das Filmteam, rechtfertigte Hütten seine Mercedes-Attacke, habe sich nicht ausgewiesen. Zurückhaltung gehört nicht zur Art des bulligen Münsterländers. Offensiv auch verteidigt er seine heiklen Geschäfte mit dem kriegstreibenden Regime.

Wo denn seine Maschinen im Irak überall anzutreffen seien, wollten Monitor-Redakteur Jürgen Thebrath und Monitor-Mitarbeiter Wilfried Huismann Mitte September von Hütten wissen. Der gibt, als gehe es um Molkereibetriebe, bereitwillig Auskunft: »Die stehen im ganzen Land verteilt.« Auch im Rüstungszentrum Tadschi, wo die Essener MAN-Tochterfirma Ferrostaal als Generalunternehmer und etliche Dutzend Unterlieferanten aus der Bundesrepublik eine Kanonenschmiede errichteten, steht, wie Hütten einräumt, eine H + H-Maschine. Was mit ihr produziert würde, wisse er allerdings nicht.

Seine Firma, bekannte der Unternehmer, habe Maschinen in den Irak geliefert, die in der Rüstung eingesetzt werden könnten. Dafür aber habe er Ausfuhrgenehmigungen beantragt und auch erhalten. »Wenn die Genehmigungen auf dem Tisch lagen, dann wurde gebaut und geliefert.«

Unter den gegenwärtigen Umständen verbiete die Bundesregierung Geschäfte mit dem Irak. »Und es gibt wirtschaftlich ethische Gesichtspunkte, die eine Rolle spielen.« Wenn Hussein, »den ich einmal sehr geschätzt habe, in die Völkerfamilie zurückfindet und sich so verhält, wie es die übrige Welt tut, dann würde ich Geschäfte mit dem Irak für die Zukunft nicht ausschließen, obwohl ich – ehrlich gesagt – für die nächsten zwei, drei Jahre keine Möglichkeit sehe«.

Saddam Hussein, rühmt der Geschäftsmann dessen Verdienste, habe immerhin »das Volk zusammengeschmiedet, sein Volk, das irakische Volk. Er hat für Infrastrukturen gesorgt. Er hat für Wohnungen gesorgt. Er hat vieles auf dem Gebiet des Sozialen gemacht. Aber er hat auch einen Krieg geführt mit einer Million Toten und irakische Kurden mit Giftgas umgebracht. Darüber habe ich nicht zu befinden. Das ist passiert. Das müssen Leute tun, die dafür kompetenter sind«.

Einblicke in die Psyche eines Unternehmers, der sich nun von den Politikern verraten fühlt. Sie hätten »eigentlich der deutschen Industrie Rückendeckung geben sollen«. Tatsächlich aber stünden sie jetzt »mit Krokodilstränen in den Augen vor der Presse und sagen: Ihr bösen, Ihr...« Das sei heuchlerisch.

Hütten und sein Kompagnon Hinze haben jahrelang für ihre brisanten Geschäfte das staatliche O.K. erhalten, als ginge es um die Ausfuhr von Pralinen. Gegen Hüttens Partner Hinze hat mal der Generalbundesanwalt wegen des Verdachts geheimdienstlicher Agententätigkeit für den Irak ermittelt und das Verfahren im Oktober 1989 eingestellt. Eine Spionagetätigkeit war nicht nachzuweisen.

Bei H+H lief die Irak-Connection auch ohne Konspiration. Wie dick die Beziehungen der Münsterländer nach ganz oben im Irak sind, beweist ein ehrenvoller Auftrag: H+H ließ für Diktator Hussein bei einer Stahlfirma in der Nähe von Münster eines der imposantesten Monumente im Nahen Osten bauen.

Der Herrscher diente als Modell. Zwei Abdrücke von seinem Arm, vierzigfach vergrößert, halten zwei riesige Schwerter hoch in den Himmel über Bagdad. Am 8. August 1989 weihte Hussein, hoch zu Roß, das 74 Meter breite und 34 Meter hohe Denkmal ein.

Ein legales Geschäft. Aber auch die anderen Aktivitäten dürften kaum juristische Folgen haben. Nachdem westliche Geheimdienste und auch das Bundeskriminalamt in den letzten Monaten immer wieder auf die Firma hingewiesen haben, bequemte sich schließlich Anfang September 1990 die Oberfinanzdirektion in Münster zu einer Durchsuchungsaktion bei H+H.

»Was soll«, wunderte sich ein BKA-Fahnder, »nach soviel Monaten da wohl noch zu finden sein?«. Und auch zwei H+H-Helfer dürften wenig zu befürchten haben.

Walter Busse, ein ehemaliger Abteilungsleiter der MAN Technologie GmbH in München, stand im Verdacht, im Laufe vieler Jahre ein dichtes Beziehungsnetz zwischen Atomrüstern im Irak und Brasilien einerseits und deutschen Lieferanten andererseits geknüpft zu haben.

Bei der Überprüfung stellten Fahnder fest, daß der Pensionär Busse mehrfach im Irak war. In seiner Begleitung bei den Visiten am Tigris war mitunter ein guter Bekannter, Bruno Stemmler, 57, der einstige Mitarbeiter im Bereich Rotortechnik bei der MAN-Technologie GmbH. Auch von Stemmlers Irak-Eskapaden wußten die Vorgesetzten nichts.

Busse und Stemmler gelten als zwei Fachleute auf dem Gebiet der Zentrifugentechnik. Bei der MAN-Technologie GmbH haben sie sich exklusive Kenntnisse aneignen können. Die Münchener Firma baute 1979 auf dem Gelände der Urananreicherungsanlage im westfälischen Gronau ein Montagewerk für Zentrifugen. Sie ist damit eine der ganz wenigen Spezialfirmen auf diesem Gebiet.

Das BKA aber hat bei beiden keinen »illegalen Technologietransfer« nachweisen können und die Ermittlungen gegen Busse und Stemmler eingestellt. Auch gegen Hinze und Hütten haben die Ermittler nicht viel in der Hand. Schließlich hat das Duo für seine Exporte über Jahre hinweg immer den Unbedenklichkeitsstempel bekommen.

Die H + H-Maschinen sind zwar, wie Hütten einräumt, auch für die Rüstungsproduktion geeignet. Doch möglicherweise haben die Beamten in Eschborn den Angaben der Drensteinfurter Antragsteller geglaubt. Danach werden auf den von H+H in den Irak gelieferten Maschinen, wie Hinze gegenüber der Lokalzeitung äußerte, nur Kochtöpfe und Salatschüsseln hergestellt.

Geschütze aus Tadschi

Das Modell machte auf den ersten Blick nicht viel her. En miniature waren Öfen, Kräne und Pressen zu sehen; das Innenleben einer Schmiede – von Interesse nur für den Liebhaber.

Davon aber schien es auf der Industriemesse in Bagdad eine ganze Menge zu geben. Stolz führten irakische Regierungsvertreter ihre Gäste immer wieder zu der Lilliputfabrik.

Vor Ort in Tadschi, nicht weit von Bagdad, ist inzwischen das Original zu besichtigen. In der 130 Millionen Mark teuren Fabrik ist vor einigen Wochen die Produktion angelaufen, und nicht nur Experten sind neugierig auf das Werk.

Der US-Geheimdienst CIA und der israelische Mossad sind an Einzelheiten interessiert, seit Mitte 1990 befassen sich auch deutsche Staatsanwälte und Zollfahnder mit der Anlage.

Denn der vom Essener Konzern Ferrostaal und einem Dutzend weiterer Firmen erstellte Komplex ist keine gewöhnliche Industrieanlage. Hinter der sogenannten Freiformschmiede, einer angrenzenden Stahlkocherei und einem Walzwerk verbirgt sich eine Kanonenfabrik großen Ausmaßes.

Bereits in der Anlaufphase soll das Werk jährlich rund 1000 mittlere und schwere Artilleriegeschütze der Kaliber 105 bis 203 Millimeter herstellen. Viele angesehene deutsche Unternehmen haben vor Ort in Tadschi oder durch Zulieferungen beim Bau des Kanonenkomplexes mitgeholfen.

Einer der wichtigsten Partner von Ferrostaal-Chef Hans Singer war der Klöckner-Konzern. Bereits 1985 schloß die Duisburger Firma mit der staatlichen irakischen Rüstungsorganisation NASSR einen Vertrag über den Bau einer Stahlkocherei und -gießerei ab. Das Werk mit der offiziellen Bezeichnung 3127 ist der eigentlichen Kanonenfabrik vorgelagert.

In der Klöckner-Anlage sollen nach den Berichten deutscher Ingenieure vor Ort ausrangierte Panzer und andere Waffenteile eingeschmolzen werden. Aus dem geschmolzenen Schrott wird wichtiges Vormaterial für die benachbarte Kanonenschmiede hergestellt.

Das Kernstück der von Ferrostaal gelieferten Waffenfabrik ist ein hochkomplizierter Betrieb, in dem nur Spitzentechnik zum Einsatz kommt, denn das Material ist extremen Belastungen ausgesetzt. Bei schneller Schußfolge können Geschützrohre glühend heiß werden und dürfen dabei nichts von ihrer Präzision verlieren.

Bei den Legierungen für Rohre und Zünder kommt es daher auf besondere Feinabstimmung an. Dafür sind hochwertige Maschinen erforderlich, und die wurden auch prompt geliefert. Die meisten Ferrostaal-Partner hatten keine Bedenken mehr, als ihnen die Kollegen vom Generalunternehmer die Eschborner Exportgenehmigung präsentierten.

Bei der Bundesbehörde in Eschborn hatte der Essener Konzern die Ausfuhr einer Universalschmiede beantragt. Von einer möglichen Verwendung als Kanonenfabrik, gaben Beamte bei Vernehmungen gegenüber der ermittelnden Bochumer Schwerpunktstaatsanwaltschaft an, sei nie die Rede gewesen. Ferrostaal-Manager halten dennoch an der Aussage fest, einen Sachbearbeiter der Eschborner Behörde auf die Möglichkeit einer Kanonenherstellung hingewiesen zu haben.

Das Bundesamt in Eschborn ist alles andere als eine strenge Behörde. Schwer zu verstehen, was die für den Export zuständigen Beamten schon alles durchgehen ließen. Meist reichte ihnen die Erklärung des Antragstellers über den Einsatzzweck des Exportguts im Empfängerland.

Wenig plausibel allerdings, daß Ferrostaal beim ausdrücklichen Hinweis auf den Kanonenbau eine Exportgenehmigung erhalten hätte. Der Essener Konzern, heißt es in einem internen Behördenpapier, habe in Eschborn die gesamte Anlage erläutert. »Der dem Konsortium bekannte Verwendungszweck, die Herstellung von Geschützrohren«, sei dabei aber »verschwiegen« worden. Der Genehmigungsantrag sei »äußerst allgemein gefaßt« und enthalte nur die Formulierung »Unterlagen z. Herstellung v. Rohrrohlingen ohne speziellen Verwendungszweck«.

Den aber hätte, vermutet Bundeswirtschaftsminister Helmut Haussmann, Ferrostaal gekannt. »Aus dem sichergestellten Beweismaterial«, erklärte der Liberale in einem vertraulichen Bericht im Bonner Wirtschaftsausschuß, »ergeben sich eine Reihe von Hinweisen, die den Verdacht erhärten, daß die Firma Ferrostaal von Anfang an gewußt hat, daß es sich nicht um eine zivile Schmiedeanlage, sondern um eine Schmiedeanlage zur Produktion von Kanonenrohren handelte.«

Ein schwerwiegender Verdacht, den Ferrostaal-Chef Hans Singer runterspielt. Es werde, sagte der Essener Manager noch Mitte Oktober 1990, gegen keinen aus dem Unternehmen ermittelt. Ferrostaal habe für dieses Exportgeschäft alle erforderlichen Genehmigungen erhalten.

Hat möglicherweise die Bundesregierung doch mehr über das Tadschi-Projekt gewußt? Außerordentlich merkwürdig jedenfalls, wie sich Bonner Ministeriale im Mai 1990 gegenüber dem Essener Konzern und einigen ihrer Irak-Partner verhielten.

Staatsanwälte und Zollfahnder hatten noch keine konkreten Informationen über den Export der Kanonenschmiede, da wurden Vertreter von Ferrostaal, Klöckner und dem Tadschi-Unterlieferanten SMS-Hasenclever für den 21. Mai 1990 zu einem Gespräch ins Bonner Wirtschaftsministerium gebeten.

Mit den Firmen sollte, natürlich diskret, über das irakische Rüstungsprojekt gesprochen werden. Drei Tage vor dem Besprechungstermin traf bei den eingeladenen Firmen eine Absage ein. »Neu eingetroffene Informationen«, so die Begründung, »müßten noch intern erörtert werden.« Die ermittelnden Beamten wurden über den Vorgang nicht unterrichtet und erfuhren nur durch Zufall davon. Offenbar waren die Fahndungsarbeiten so weit vorangeschritten, daß den Bonner Ministerialen eine vertrauliche Sitzung mit Rüstungsexporteuren nicht mehr ratsam erschien.

Denkbar, daß die Bonner Beamten die Manager zur Aufgabe ihrer Irak-Aktivitäten bewegen wollten. Doch die Kanonenschmiede stand damals schon kurz vor der Fertigstellung. Davon werden sich die Ministerialen mit Sicherheit überzeugt haben.

Kein militärisches Projekt im Nahen Osten entging bislang den westlichen Geheimdiensten, die meist auch im frühen Stadium schon Tarnungen an Bau und Konstruktionen auf die Schliche kamen. Fahnder gehen davon aus, daß in Bonn auch rechtzeitig Hinweise auf die Kanonenproduktion vorlagen.

Es blieb jedoch der Bundestagsabgeordneten Christa Vennegerts von den Grünen vorbehalten, die Bundesregierung offiziell auf dieses Projekt hinzuweisen. Ob Bonn, wollte sie in einer Fragestunde am 29. November 1989 wissen, den Export von

Maschinen und Anlageteilen für die Errichtung einer Fabrik zur Herstellung von »Panzer- beziehungsweise Kanonenrohren« genehmigt habe?

Staatssekretär Klaus Beckmann vom Wirtschaftsministerium war mit der Frage schnell fertig. »Eine Ausfuhrgenehmigung für die Errichtung einer Fabrik für Panzer- beziehungsweise Kanonenrohren im Irak wurde von der Bundesregierung nicht erteilt.« Eine Firma sei, so Beckmann kryptisch, »als Antragstellerin von Ausfuhrgenehmigungen in Erscheinung getreten. Die für den Export genehmigte Ware läßt aus heutiger Sicht keinen Rückschluß auf eine in der Frage erwähnte Verwendung zu«.

Typisch, wenn es um heikle Rüstungsgeschäfte geht, sind Bonner Regierungsvertreter meist einsilbig und wiegeln ab. Erst wenn nach und nach Einzelheiten an die Öffentlichkeit gezerrt werden, gibt es ein Echo. Die Bundesregierung ist dann stets überrascht und natürlich empört.

Wie im Fall Tadschi. Der Verdacht der Abgeordneten Vennegerts veranlaßte Finanzbeamte zu einer Buchprüfung bei Ferrostaal. Gezielt fragte ein Beamter die Manager in der Essener Konzern-Zentrale nach den kompletten Unterlagen der Schmiede. Zwischen Rechnungen, Angeboten und Schreiben entdeckte er Zeichnungen von Kanonenrohrrohlingen.

Der Prüfer informierte sofort die Zollfahndung in Düsseldorf, die kurz darauf mit einem Staatsanwalt bei Ferrostaal einrückte. 750 Aktenordner, alles Unterlagen zum Komplex Universalschmiede, wurden beschlagnahmt. Manager und Angestellte bei Ferrostaal aber reagierten äußerst gelassen auf den Einmarsch der Fahnder. Der Konzern, ließen sie die Beamten wissen, habe nichts zu verbergen. Es handele sich bei dem Irak-Projekt um ein völlig legales und in allen Einzelheiten genehmigtes Geschäft. »Wir haben«, beteuerte noch Mitte Oktober 1990 Konzern-Chef Singer, »nie ein Geheimnis aus dieser Anlage gemacht.« So sicher über den Ausgang der Ermittlungen wie noch im Sommer aber schien der Manager nicht mehr zu sein. »Sich im Recht zu fühlen«, schränkte Singer ein, bedeute noch nicht, im juristischen Sinne recht zu haben.

So peinlich desinformiert wie im Fall Imhausen wollte sich Bonn diesmal nicht geben. Kaum war Ferrostaal öffentlich in Verdacht geraten, da erteilte am 10. Juli 1990 das Bonner Außenministerium an die deutschen Botschaften in Tel Aviv,

Paris, Washington, London, Bagdad, Teheran und an die Bonner Ministerien für Wirtschaft und Finanzen fernschriftlich Anweisungen für eine gemeinsame Sprachregelung. Genschers Behörde war sehr um den Eindruck bemüht, im Fall Tadschi ohne Druck von außen und im reibungslosen Zusammenspiel mit anderen Behörden gehandelt zu haben.

»Als die Bundesregierung«, heißt es beispielsweise in der Stellungnahme, »Hinweise darauf erhielt, daß möglicherweise Maschinen zur Herstellung von Rüstungsgütern auch ohne die dafür erforderliche Exportgenehmigung aus der Bundesrepublik Deutschland in den Irak gelangt sind, hat sie umgehend eine Untersuchung der Angelegenheit veranlaßt und die zuständigen Staatsanwaltschaften eingeschaltet«. Das Ermittlungsverfahren sei nicht zuletzt das Ergebnis der »etablierten intensiven Zusammenarbeit der mit den Außenwirtschaftskontrollen befaßten Behörden und Ministerien«.

Ein Paradebeispiel für die Effizienz deutscher Kontrollbehörden ist aber auch der Ferrostaal-Deal nicht. Schon eher peinlich müßte den Verantwortlichen in Bonn sein, daß Ferrostaal und eine Vielzahl anderer deutscher Unternehmen über Jahre hinweg ungehindert eine komplette Kanonenfabrik in den Nahen Osten schaffen konnten.

Bei ihrer Filzaktion in Essen fiel den Fahndern die komplette Liste der anderen Tadschi-Helfer in die Hände. Darunter auch eine weitere MAN-Tochter, die SMS Hasenclever GmbH. Sie lieferte eine Schmiedepresse, ein MAN-Betrieb in Nürnberg schickte einen 50-Tonnen-Kran nach Tadschi.

Für jeden wichtigen Part ging ein Spezialist an die Arbeit. Der Essener Baukonzern Hochtief errichtete die ungewöhnlich hoch belastbaren Fundamente. Die Siegener Dango & Dienenthal Maschinenbau fertigte Spezialausrüstungen für die Pressen, die TBT Tiefbohrtechnik und die Maschinenfabrik Ravensburg steuerten Teile und Know-how für die Bohrungen der Kanonenrohre bei.

Es wurde Technik vom Feinsten geboten: Die Drehbänke sind mit Computersteuerungen von Siemens ausgerüstet. Zur Feineinstellung waren zeitweilig bis zu drei Programmiergeräte von Siemens (Typ PG 685) im Einsatz.

Höchste Präzisionsarbeit war gefragt. Ferrostaal brachte daher die Firma Buderus, einen Spezialisten für Gußtechnik, ins Geschäft. Die Essener Ruhrgas ist in Tadschi ebenfalls

dabei. Ihre Tochterfirma LOI Industrieofenanlagen hat Spezial-
öfen für Rohre von maximal 15 Metern Länge und Härteanla-
gen geliefert.

Die von Klöckner errichtete Hütte ist von beeindruckenden
Ausmaßen. Sie ist für eine Kapazität von jährlich 144 000 Tonnen ausgelegt. Die Schweizer Firma Georg Fischer lieferte
dafür die Gußformen und die Maschinenausrüstung, Rohbau-
arbeiten erledigte die Stuttgarter Firma Züblin, ABB in Mannheim steuerte die elektrischen Ausrüstungen und Mannes-
mann-Demag mehrere Krane bei.

Derlei Geschäfte mit dem Irak lohnen sich, sie werden quasi
mit einer Zitterprämie vergoldet. Die Hanauer Firma Leybold
steuerte für Tadschi drei Umschmelzanlagen im Wert von über
zwölf Millionen Mark bei. Für zwei fast identische Anlagen,
die Leybold vor rund zwei Jahren nach Mittel-England verkaufte, konnten die Hanauer dagegen nur rund 1,5 Millionen
Mark kassieren.

Unfreiwillig komisch wirkt da die Warnung des Bonner Wirt-
schaftsministeriums vom 29. August 1990 an den Bundesver-
band der Deutschen Industrie (BDI). »Aus vertraulicher
Quelle«, heißt es, »liegen Hinweise über Beschaffungsversuche
des Irak von Vakuum-Schmelz- und Gießanlagen vor. Auch
wenn durch das Embargo gegenwärtig keine direkten Ausfuhren möglich sind, besteht die Gefahr von Umgehungsausfuhren über andere Länder.«

Wie gut doch für Husseins Einkäufer, daß es Firmen wie Leybold gibt. Für die 1987 von dem Frankfurter Metall- und Che-
miekonzern Degussa übernommene Leybold-Heraeus GmbH
und danach in die Leybold AG umgewandelte Firma ist Tadschi nicht der erste heikle Rüstungsfall.

Bereits im September 1983 sollen zwei ehemalige Prokuri-
sten des Unternehmens Konstruktionsunterlagen für Bestand-
teile von Urananreicherungsanlagen in die Schweiz geschmuggelt haben. Die inzwischen liquidierten Metallwerke Buchs im
Kanton St. Gallen sollen nach den Unterlagen die entsprechenden Teile hergestellt haben. Von der Schweiz aus wurde dann
die Ware über Frankreich und Dubai nach Pakistan geschafft.

Während der Nachbauphase bei Buchs sollen immer wieder
Mitarbeiter von Leybold-Heraeus in Köln zu Rate gezogen worden sein. Aus beschlagnahmten Unterlagen geht zudem
hervor, daß Leybold-Heraeus rege Handelsbeziehungen mit

Pakistan pflegte. Ein möglicher Prozeß gegen die beiden Ex-Prokuristen könnte Aufklärung darüber bringen, ob möglicherweise Spitzenmanager des Unternehmens von dem Fall gewußt haben.

Wenn die Höhe der Summe stimmt, werden selbst hochbezahlte Manager immer wieder weich. Die Beschaffer aus Nahost haben ein einträgliches Gespür dafür, wer mit Geld zu ködern ist.

Die Mitarbeiter der kleinen Firma European Manufactures Center (Euromac) mit Sitz im italienischen Monza haben viele solcher Helfer aufgespürt. Im Auftrag Bagdads kümmerten sie sich auch um Lieferanten für Tadschi. In Konkurrenz zu Ferrostaal stellte Euromac eine französische Gruppe mit dem Anlagenbau-Konzern Sofresid und dem Hüttenunternehmen Compagnie Francaise de Forges & Fonderies (C3F) zusammen. Beide Firmen sollten für die Kanonenschmiede das Know-how liefern und am Bau beteiligt werden.

Doch das Konsortium aus Paris hatte Pech. Die französische Regierung wurde argwöhnisch. Die Geschichte von der Schmiede, die angeblich Vormaterial für Bohrgestänge und nahtlose Ölrohre herstellen sollte, klang den Franzosen denn doch zu unglaubwürdig. Das Geschäft kam nicht zustande.

Die Westdeutschen hatten solche Bedenken nicht. Die Manager von Ferrostaal störte offenbar auch nicht, daß sie 1987 auf Wunsch der Iraker Kontakt zur Brüsseler Firma Space Research des Raketenspezialisten Gerald Bull aufnehmen mußten. Bull entwickelte ein besonders durchschlagkräftiges 155-Millimeter-Geschütz, das als das weltweit beste dieses Kalibers gilt.

Die Artillerie dürfte in Tadschi längst in Produktion sein: Bei Ferrostaal fanden die Fahnder auch die Konstruktionsunterlagen der Bull-Kanone, angefertigt von Space Research.

Der Skandal MBB

Wochenlang mühten sich Bonns Diplomaten in Washington, die amerikanische Kritik an deutschen Rüstungslieferungen in den Irak abzuwehren. Dann ging ihnen die Munition aus.

In einem Eilvermerk baten sie am 7. September 1990 das Auswärtige Amt um »Weisung«, wie die Botschaft weitere Attacken parieren solle. Vor allem aus »Administration, Kongreß und Öffentlichkeit« seien »detaillierte Fragen und geharnischte Vorwürfe« zu erwarten. So werde das Commitee on Foreign Relations des Senats schon in Kürze eine Liste mit 132 Irak-Lieferanten veröffentlichen – darunter seien allein 68 Unternehmen aus der Bundesrepublik. (»Saddam's Foreign Legion«)

Die alte Verteidigungslinie Bonns, die noch im Sommer bürokratisch in einem »Bezugserlaß« vorgezeichnet worden war, reiche jedenfalls in den USA nicht mehr aus. Die »Botschaft wäre für zusätzliche Sprachenregelung dankbar«.

Die größte Exportnation der Welt zerstört ihr Image durch Krauter wie den Rabita-Lieferanten Imhausen. Aber auch renommierte Konzerne erweisen sich als Meister bei heißen Geschäften. Eine erste Adresse für die geräuschlosen deals ist die Ottobrunner Waffenschmiede Messerschmitt-Bölkow-Blohm. MBB operiert beim Kriegsgeräte-Handel mit dem Irak vorwiegend verdeckt und erzielt dennoch hohe Milliardenumsätze.

In den USA gerät MBB deshalb zusehends in die Schußlinie und soll möglicherweise von der Liste der SDI-Lieferanten gestrichen werden. »Besonders kritisch«, teilte die Botschaft in dem verschlüsselten Telex von Anfang September 1990 mit, würden Experten die Lieferungen von MBB für ein »angebliches Full Air Explosive-Projekt« (FAE) beurteilen.

Das angebliche Projekt gibt es: Bei FAE handelt es sich um einen hochentwickelten Sprengstoff, der auf dem MBB-Testgelände Schrobenhausen erprobt worden ist.

Die Irakis verfügen nach Geheimdienstberichten als erste Nation der Dritten Welt über dieses Teufelszeug von MBB. Bagdad ist in den Besitz der Waffe auf Umwegen gelangt.

Die Bombe war ursprünglich für Ägypten bestimmt – Blaupausen und Testunterlagen gingen von MBB an die bayerische Projekt Betreuungs-GmbH, eine Tochter der Consen-Gruppe, und von dort komplett an den Kunden in Kairo. Die Ägypter reichten die Papiere an Bagdad weiter, das sogleich mit dem Bau der Sprengköpfe begann.

MBB ist fein raus – der Luft- und Raumfahrtriese kannte angeblich die arabische Connection nicht und beruft sich darauf, Anfang 1988 aus dem Projekt ausgeschieden zu sein.

Das Muster ist immer das gleiche: Als Lieferanten treten ausländische Firmen oder Staaten auf, die Experten von MBB bleiben diskret im Hintergrund. Mit MBB-Beistand entwikkelte der Irak eine Mittelstreckenrakete, in deren Reichweite Kairo, Teheran oder der Erzfeind Israel liegen.

Nach einem Bericht des BND vom 15. März 1990 stehen einige ehemalige MBB-Arbeitnehmer im Verdacht, derzeit via Pakistan dem Irak bei der Aufrüstung mit Nukleartechnik behilflich zu sein. »Diese Mitarbeiter«, beteuert MBB, seien »normal aus dem Unternehmen ausgeschieden und haben auch keine Anweisungen von MBB erhalten.«

Manchem bei MBB ist das schon ein bißchen peinlich. Solch ein Fall werde sich niemals wiederholen, versicherte MBB-Aufsichtsratschef Jürgen Schrempp vor ein paar Monaten dem SPD-Wehrexperten Norbert Gansel. »Unbeschadet« der angeblichen rechtlichen Unbedenklichkeit, so erklärte der Konzern im Oktober, würde eine Reihe von Geschäften »heute nicht mehr vorgenommen werden.«

Der deutsche Rüstungslieferant (6,27 Milliarden Mark Umsatz, 23 938 Beschäftigte), der 1989 unter den Stern von Daimler-Benz kam, ist eine Art bayerischer Staatsbetrieb und kann sich auf seine politischen Freunde verlassen.

Der Freistaat hält als zweitgrößter Teilhaber einen Anteil von fast 20 Prozent, und CSU-Prominenz war stets im Aufsichtsrat vertreten. Lange Jahre stand der jetzige Ministerpräsident Max Streibl dem Kontrollgremium vor, dann vertrat der frühere Finanzminister Gerold Tandler die Bayern-Regierung.

Wenn der Konzern ins Gerede kommt, sagt Tandler schon mal: »Hier wird nichts verdeckt, nichts verschleppt, sondern

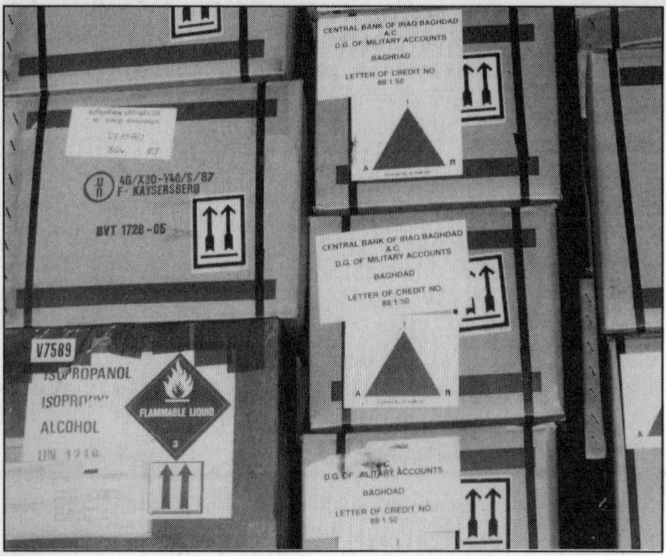

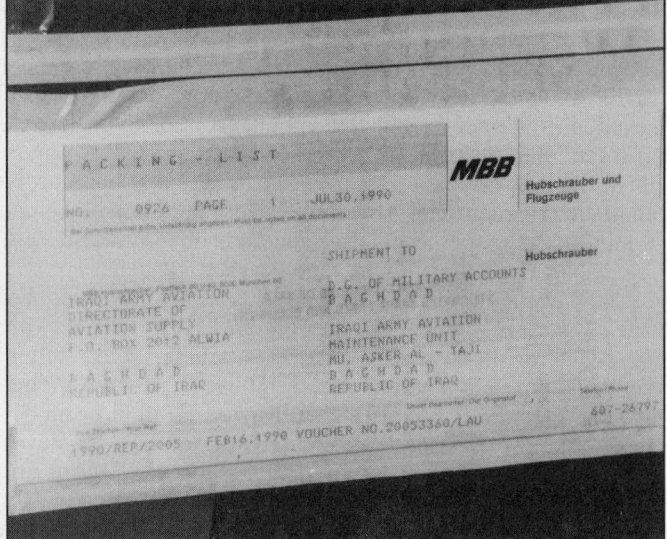

Irak-Embargo stoppte Lieferung für Bagdad

alles offengelegt, was offengelegt werden kann.« In all den Jahren habe es, so ein Konzernsprecher, »keine staatsanwaltschaftlichen Ermittlungsverfahren gegen MBB gegeben, lediglich Prüfungen und Sonderprüfungen«.

Streng rechtsstaatlich und ohne Ansehen der Person, versteht sich, wird alles geregelt. Ähnlich geräuschlos hat die bayerische Justiz auch die Parteispendenaffäre erledigt.

Die 70-Millionen-Mark-Beteiligung am Bau des größten arabischen Militärforschungszentrums im irakischen Mosul, wo Raketen, Flugzeuge und Nukleartechnik entwickelt werden, ist da gar kein Thema. Während gegen die Bielefelder Generalunternehmer Gildemeister Projecta GmbH ermittelt wird, bleibt MBB, der »wichtigste deutsche Unterlieferant« (Wirtschaftsminister Helmut Haussmann), ohne den bei dem Projekt Saad 16 in Mosul gar nichts gelaufen wäre, auf jeden Fall straffrei.

Profis sind da am Werk, die mit raffinierten Tricks gesetzliche Verbote umgehen und staatliche Prüfer in die Irre führen, wenn diese denn überhaupt hingucken wollen.

Obwohl die Ausfuhr von Kampfhubschraubern an den Irak nicht erlaubt ist, wurde MBB zum wichtigsten Helikopter-Ausrüster der irakischen Luftwaffe.

Allein 75 Panzerabwehr- und Verbindungshubschrauber der MBB-Marke BO 105 wurden nach den Ermittlungen des angesehenen Londoner Fachblattes »Flight Aviation« von Bagdad geordert. Bei der Schlacht in der Bazeh-Schlucht im August 1988 sollen die Helikopter zur Vernichtung irakischer Kurden eingesetzt worden sein. Aber der Konzern erklärt, »gar keinen Kampfhubschrauber an den Irak geliefert« und immer »die einschlägigen Exportbestimmungen« beachtet zu haben.

Die Verwandlung geschieht im Ausland. So wurden beispielsweise Anfang der achtziger Jahre 24 Hubschrauber vom Typ BO 105 an die spanische Firma Casa geliefert. Casa stattete die Vögel mit dem notwendigen Gerät wie Oerlikon-Kanonen aus und lieferte die Fluggeräte zur Panzerbekämpfung an den Irak. Nur, die Konzernleitung in Ottobrunn erfuhr davon angeblich nichts. Die spanische Firma habe die Export- und Lizenzrechte erworben und »in eigener Verantwortung« gehandelt – komisch nur, daß MBB damals mit rund elf Prozent an Casa beteiligt war.

Manchmal werden die Hubschrauber erst einmal um die Welt geschickt, bevor sie Bagdad erreichen. MBB verkaufte 1988 dem Irak 16 Helikopter vom Typ BK 117, »einem Mehrzweckhubschrauber der neuen Generation, für alle Zwecke einsetzbar«. (MBB-Broschüre)

Die Helikopter wurden aber zunächst nach Philadelphia an die Tochterfirma Helicopter Corporation geschickt. Von dort wurden die Fluggeräte über Stanstead in Großbritannien nach Bagdad geschafft.

Dem für Zollangelegenheiten zuständigen Bundesfinanzministerium kam der Umweg nicht geheuer vor. Die Bonner baten in einem Rechtshilfeersuchen die USA um Erläuterungen zu dem Geschäft. Herausgekommen ist nichts.

MBB erklärt, der aufwendige Transport sei »aus Termin-, Kapazitäts- und Wirtschaftlichkeitsgründen (Dollarkurs)« erfolgt. Außerdem handele es sich um Rettungshelikopter. Kampfhubschrauber, beteuert der Konzern, seien nicht geliefert worden, man habe stets »die einschlägigen Exportbestimmungen« beachtet.

Völlig legal lief das einträglichste MBB-Geschäft mit dem Irak. Über die 1972 gegründete deutsch-französische Verkaufsgesellschaft Euromissile (MBB-Anteil: 50 Prozent) kaufte Saddam Hussein 5000 Panzerabwehrraketen und 166 Raketenwerfer des weltweit begehrten Panzerknackers »Hot« und 4564 Stück des Zwillingssystems »Milan«.

Von den besonders treffsicheren deutsch-französischen »Roland«-Flugabwehrraketen orderte Bagdad 1050 Exemplare. Allein dieser Auftrag hatte ein Volumen von rund fünf Milliarden Mark.

Das System hat am Golf seine Bewährungsprobe bereits bestanden. Die Iraker holten mit »Roland« im Krieg gegen Iran reihenweise persische Piloten vom Himmel. Die Iraner flogen amerikanische Kampfflugzeuge – Maschinen des gleichen Typs hatte die U.S. Navy am Golf im Einsatz.

Und an Bord der 6. US-Flotte, die nach Ausbruch der Golf-Krise im Mittelmeer kreuzte, waren Wartungsspezialisten von MBB. Außenminister Hans-Dietrich Genscher hatte die Geschäftsleitung des Ottobrunner Konzerns im Sommer gebeten, die MBB-Techniker auf den amerikanischen Flugzeugträgern zu lassen. MBB zeigte sich erkenntlich: Der Konzern zahlte seinen Jungs an der Front eine saftige Gefahrenzulage.

Schaffe, schaffe, Raketen bauen

Der Unternehmer Holger Werner Beaujean, 42, aus Stutensee bei Karlsruhe, ist fleißig wie ein rechter Badener. Morgens um 6.30 Uhr sitzt er oft schon im Büro, manchmal bleibt er bis weit nach Mitternacht. In nur ein paar Jahren hat er zwei florierende Firmen gegründet. Strahlenschutzverantwortlicher im eigenen Unternehmen ist er auch.

So einer gilt nicht nur im Ländle was. Ins russische Tschernobyl wurde der Fachingenieur für Steuer- und Regelungstechnik gebeten, eine Dekontaminationsstation aufzubauen, Auftragswert: rund eine Million Mark. Farbbilder zeigen ihn vor dem Sarkophag des durchgebrannten Reaktors. Erinnerungsfotos wie aus dem Familienalbum.

Auf einer anderen Aufnahme hockt er am Ufer des verseuchten Pribjat-Flusses, der das Kraftwerk kühlt, und hält in aller Seelenruhe die Angel ins Wasser. Die Fische hat er auch gegessen. »In jedem Flugzeug kriegt man mehr Strahlung ab«, sagt der Experte.

Im Herbst 1990 aber machte sich Beaujean Sorgen, der Aufstieg des Unerschrockenen schien jäh gestoppt. Der Bundesnachrichtendienst (BND) hatte reichlich Material über ihn, das Kölner Zollkriminalinstitut (ZKI) auch. Die Zollfahndung Karlsruhe und der Staatsanwalt Peter Zimmermann interessierten sich für die Geschäfte des quicken Unternehmers. Fahnder durchstöberten seine Büros, gegen ihn wurde ein ordentliches Ermittlungsverfahren eingeleitet.

Experte Beaujean steht im Verdacht, dem Irak bei wichtigen Raketenprojekten geholfen zu haben. Geprüft wurde auch, um was für Sicherungssysteme es sich handelte, die er für das mit Chemieanlagen und Raketen vollgestopfte Falludscha entwickelt hatte.

Der Fall mit dem Aktenzeichen 52 Js 224/90 ist beispielhaft für die deutsche Irak-Affäre. Ebenso wie Beaujean haben auch etliche andere Unternehmer das zweifelhafte Geschäft mit dem Kriegstreiber Saddam Hussein gesucht, weil sie auf üppige Gewinne hoffen durften.

Bei Irak-Geschäften wurde in der Regel ein Zuschlag bis zu 150 Prozent einkalkuliert, bei heiklen Projekten durften risikofreudige Unternehmer die Marge schon mal verdoppeln.

Nahost-Lieferungen waren jahrelang ein profitables Engagement. 1982 setzten die deutschen Exporteure im Irak fast acht Milliarden Mark um. Im Vorjahr, der Golfkrieg war beendet, lieferte die Bundesrepublik – illegale Fuhren nicht gerechnet – immerhin noch Güter im Wert von 2,2 Milliarden Mark und war damit in der EG der wichtigste Partner der Irakis.

Da wird verständlich, mit welcher Härte sich Newcomer wie Beaujean ins Irak-Geschäft drängelten, in dem stets mit harten Bandagen gekämpft wurde.

Erste Kontakte zu einflußreichen Irakern hat Beaujean im Dezember 1988 geknüpft. Damals bat ihn die Neu-Isenburger Havert Consult Project Engineering und Consulting GmbH um Hilfe bei Verhandlungen mit der Nassr State Enterprise for Mechanical Industries. Nassr ist eine bekannte Adresse, das Unternehmen arbeitet im Rüstungsbereich. Havert zahlte dem Ingenieur die Tickets.

Vor dem Flug hatten die vorsichtigen Havert-Leute noch eine Vereinbarung mit Beaujean getroffen. Festgelegt wurde, daß dieser alle künftigen Irak-Geschäfte nur mit Havert abwickeln solle. Denn die Firma wollte – wie sie später erklärte – nicht einem möglichen Konkurrenten »den Weg zum irakischen Markt ebnen«, der »eigentlichen Domäne« von Havert.

Beaujean kündigte im August 1989 die Vereinbarung, weil sie »viel zu inhaltsleer und unbestimmt« sei, »als daß sie rechtswirksam werden könnte«. Beide Parteien fielen wie die Skorpione übereinander her, und Beaujean behielt die Oberhand. »Nur nebenbei« und »nur zur Klarstellung«, erwähnte er, daß seine Irak-Geschäfte ja nicht über sein Ingenieurbüro, Beaujean Beratende Ingenieure VBI, sondern über seine zweite Firma, die 1988 neu gegründete Anlagen Bau Contor-Gesellschaft, abgewickelt würden – der Havert-Schlag gehe also ins Leere.

Beaujeans Einsatz im geschäftlichen Spiel war gut placiert. Mit der Nassr State Enterprise wurden in nur wenigen Monaten Projekte im Gesamtwert von 7,153 762 Millionen Mark vereinbart, von Ventilteststständen bis Laboreinrichtungen. Allein für die Einarbeitung vor Ort taxierte Beaujean 1000 Mark pro Mann und Tag. Spesen natürlich extra.

Die Irakis zeigten großes Interesse an dem vielseitigen deutschen Ingenieur. Beaujean ist auch Atomkraftexperte, ein Spezialist für die Abtrennung des Edelgases Krypton. Er hat in den Kernforschungszentren Jülich und Karlsruhe gearbeitet. »Ich bin bekannt in der Kerntechnikmafia«, sagt er selbstbewußt. Für die Wiederaufarbeitungsanlage in Wackersdorf entwickelte er die Abgasanlage.

Selbst musisch ist er der Atomindustrie verbunden. Das 1986 gegründete Kammerorchester der Kerntechniker Deutschlands e.V., die »Camerata Nucleare« (Symbol: Geige mit Elektronen), ist ihm für finanzelle Zuwendungen noch heute dankbar.

Auch im Irak-Geschäft hielt sich Beaujean an die Spielregeln. In einer Anlage zu seinem Vertrag mit den Irakern verpflichtete er sich Ende 1989, den Nassr-Leuten vier Toyota-Geländewagen (Vierradantrieb, Klimaanlage, Turbo-Diesel) zu schenken.

An Eides Statt mußte er versichern, daß »keine israelische Komponente und kein israelischer Rohstoff zur Herstellung der Ware benutzt« würden »sowie daß keine israelischen Quellen mit Arbeitskräften oder Kapital beteiligt sind«.

Der Vertrag mit Nassr wurde für das Raketenprojekt mit dem Tarnkürzel 1728 geschlossen. In Geheimdienstkreisen ist dieses Vorhaben als Programm für die Beschaffung hochleistungsfähiger Raketen-Antriebssysteme bestens bekannt.

Mit diesem seit Jahren betriebenen Projekt ist der Erzfeind Israel in die Reichweite irakischer Sprengköpfe geraten. Die Drohung Saddam Husseins, er werde gegen Israel, »wenn die Zeit der Abrechnung kommt«, eine neue Rakete einsetzen, muß auch wegen 1728 ernst genommen werden.

Falsch ist nur die Behauptung des Diktators, die Waffe sei »mit der Hilfe Gottes« geschaffen worden. Es waren vor allem die Deutschen, die für das Projekt 1728 neuen Treibstoff und Treibstoffzusatztanks entwickelt haben. Dies bewirkte, neben einer Reduzierung der Nutzlast, eine erhebliche Steigerung der Reichweite (siehe Seite 87 ff.).

Zu dem Projektleiter von 1728, einem Doktor Sabha Modher, hatten die Leifeld-Leute ebenso wie Beaujean guten Kontakt. Der Iraker ist als Direktor von Nassr der Antreiber des Rüstungsunternehmens; es gilt als sicher, daß ihn der israelische Geheimdienst Mossad buchstäblich im Fadenkreuz hat.

Modher persönlich hat dafür gesorgt, daß der Beaujean-Angestellte Christian Tauber, der in Bagdad festgehalten worden war, im August 1990 unerwartet schnell und unversehrt in die Bundesrepublik heimreisen konnte, und nicht wie andere deutsche Staatsbürger als Geisel im Irak bleiben mußte.

Für Modher gehört Tarnung zum Geschäft. Er ist bekannt dafür, daß er vorzugsweise sogenannte End-user-Zertifikate ausstellt, die vortäuschen, daß waffentechnische Lieferungen für zivile Projekte, etwa im Ölbereich, bestimmt seien.

Bei den Beaujean-Geschäften geht es offensichtlich um Projekte im Treibstoffbereich. Ein Sachverständiger wurde von der Karlsruher Staatsanwaltschaft mit der Auswertung der Unterlagen beauftragt.

Auffällig ist, daß in den Plänen »Kerosin«, »Hydrazin« und »Wasser« durcheinanderfließen und Temperaturen von 1000 Grad auf 300 Grad Celsius heruntergerechnet werden. Das mit rund drei Millionen Mark veranschlagte größte Beaujean-Projekt für 1728 wurde beispielsweise als Abwasseranlage deklariert. Der Unternehmer will von einer militärischen Verwendung »nichts geahnt haben«: »Das war doch«, sagt Beaujean, »alles civil engineering.«

Beaujean in Tschernobyl – Foto fürs Familienalbum

Lieferungen von Beaujean für ein zweites Irak-Geschäft wurden noch im Juli verladen. Der Ingenieur hat ein Feuerschutz- und Gaswarnsystem für Falludscha ausgetüftelt, wo, 50 Kilometer westlich in Bagdad, in mit deutscher Hilfe erbauten Chemiefabriken Ausgangsstoffe für Nervengas hergestellt werden. Raketen umsäumen das Gebäude.

Die irakischen Strategen sind, das zeigt der Beaujean-Deal mit der Al Fao Establishment, durchaus lernfähig: Sie zogen die Konsequenzen aus einem Explosionsunglück von 1989. Damals waren bei einer Katastrophe in der Raketenfabrik zu El Hilla angeblich 700 Menschen ums Leben gekommen, weil der Brandschutz nicht funktioniert hatte.

Im Herbst 1990 brannte es bei den deutschen Irak-Exporteuren. Gegen mehr als 30 Firmen liefen Ermittlungsverfahren, über 40 Unternehmen haben wegen des Embargos hohe Zahlungsausfälle zu beklagen. Sie verlangten, bisher vergebens, Schadenersatz von der Bundesregierung. Etwa 20 Unternehmen sahen sich in ihrer Existenz bedroht, auch Saddams Helfer sind in die Bredouille geraten.

Die Neu-Isenburger Firma Havert, die mit Beaujean im Clinch lag, informierte Bonn, sie habe den Geschäftsbetrieb praktisch einstellen müssen. Mitte Januar 1991 kam auch noch der Staatsanwalt vorbei – wg. 1728.

Die Firma Gräser aus dem hessischen Fischbachtal, die den Auftrag für eine als Universalschmiede deklarierte Kanonenfabrik an die Essener Ferrostaal vermittelt hat, teilte Bonn mit, sie sei »erheblich betroffen«. Auch bei Gräser gab es Hinweise auf 1728; dort fanden die Fahnder eine wichtige Spur, die zu Beaujean führte.

Die Wuppertaler Firma CBV Blumhardt, die dem Irak im Golfkrieg Hunderte von Spezialtransportern geliefert hatte, mit denen die Iraker ihre Panzer zum Offensivschlag an die Front karrten, ist jetzt in die Defensive geraten.

Die Lieferung von 75 sogenannten Ölfeld-Tieflade-Sattelanhängern war für das zweite Halbjahr 1990 vereinbart worden. Die Teile für die Spezialfahrzeuge wurden »extra angefertigt«. Sie sind jetzt, wie die Firma beklagt, »weitgehend« wertlos. Die Situation sei »existenzbedrohend«.

Den härtesten Schnitt gab es nach dem 1728er Fall bei Leifeld. Das Unternehmen, das zu 99 Prozent vier Beteiligungsgesellschaften aus dem Dunstkreis der Münchener

NASSR STATE
ENTERPRISE FOR
HANICAL INDUSTRIES

منشـأة نصـــر العــامة
للصناعات الميكانيكية -
ص . ب ٥٢٦

P.O.Box 526
TAJI-BAGHDAD-IRAQ
CABLES: TIC BAGHDAD
TELEX:: 2226 SOEI IK
TELEPHONE: TAJI 4438971

التاجي ـ بغداد ـ العراق
العنوان البرقي : تك ـ بغداد
رقم التلكس : 2226 SOEI IK
هاتف : ٤٤٣٨٩٧١

No.
Date:16.08.89
Office: Project 1728

الرقم :
التاريخ :
الدائرة :

When replying please refer to the full No. & date of our letter important! kindly mention our full enterprise's name in your telex replies.

To: Anlagen Bau Contor

Stutensee, germany

Sub.: Contract A9.89

<u>CERTIFICATE</u>

For presentation to the Export Control Authorities of the Feder
Republic of Germany, in accordance with the regulations stating
that granting of an export permit is subject to presentation of
a certificate indicating the whereabouts, we declare that the go
supplied by

    Applicant: Nassr State Enterprise for mechanical Industries

    Specification of goods: Testbenches for the examination of
                      control valves for water and air.

    Quantity: three

    Weight : ca. 2000 kg

    Value: 1.000.000,00 DM

is intended for consumption in Baghdad.

We declare that we shall not make re-export to third countries

without approval of the Bundesamt fuer Wirtschaft (Federal offi
of Economics/Federal Republic of Germany).

                Dr. Modher S.Saba
                Director Manager

      DR. MODHER SADIQ SABA'A
        PROJECT DIRECTOR   16/8/89
        PROJECT 1728

PART OF THE STATE ORGANIZATION
FOR ENGINEERING INDUSTRIES-SOEI
MINISTRY OF INDUSTRY & MINERALS
REPUBLIC OF IRAQ

اهي جزء من شركات المؤسسة العامة للصناعات الهندسية
التابعة لوزارة الصناعة والمعادن
الجمهورية العراقية

»Alles civil-engineering«

Matuschka-Gruppe gehörte, wurde nach Bekanntwerden der Irak-Connection sofort an die Westfalenbank verkauft.

Der Kämpfer Beaujean überlegte, ob er nicht das Bundesamt für Wirtschaft, zuständig für die Ausfuhrgenehmigungen, auf Schadenersatz verklagen sollte: »Die haben alle Projekte von uns gekannt und nicht interveniert.«

Händler des Todes

Der Besucher, den der Bundestagsabgeordnete Norbert Gansel in seinem Büro empfing, war eine unauffällige Erscheinung. Ein dezent gekleideter mittelblonder Mann von mittelgroßer Statur ohne aufdringliche Gesten – vom Typ her halt Mittelmaß.

Die Begegnung liegt zwar schon gut dreizehn Jahre zurück, doch der Sozi hat sie bis heute nicht vergessen. Denn der Gesprächspartner, der sich als Friedrich-Simon Heiner vorstellte, war alles andere als ein Biedermann. Was er sagte, hatte es in sich.

Er betreibe seit fast einem Jahrzehnt die Geschäfte der Wehrexport GmbH. Der Name war dem SPD-Rüstungsexperten durchaus geläufig. Die Waffenfirma gehörte zum Reich des wohl berühmtesten deutschen Waffenhändlers der Nachkriegszeit, Gerhard Mertins.

Er kenne, teilte Heiner dem verblüfften Genossen mit, die Innereien des schmutzigen Geschäftes, samt unbekannter delikater Fälle. Er wolle jetzt aussteigen, allerdings habe er Angst vor der Rache der lieben Kollegen.

Gansel riet seinem Gast, eine Lebensbeichte zu Papier zu bringen, sie bei einem vertrauenswürdigen Anwalt zu deponieren und aller Welt davon zu erzählen. Dann werde er vermutlich in Ruhe gelassen und könne einen sauberen Neuanfang hinlegen.

Es scheint, daß der frühere Mertins-Mann den Ratschlag des Sozialdemokraten allenfalls zur Hälfte befolgt hat, denn er soll wieder mit hochbrisanter Ware gehandelt haben.

Heiner, 50, steht im Verdacht, als eine Art Generalunternehmer den waffenlüsternen Irak mit brisantem Gerät versorgt zu haben. Allerlei Teufelszeug soll über die Import-Export-Gesellschaft Inwako GmbH gemakelt worden sein, deren Geschäftsführer Heiner ist. Die Firma mit dem Sitz in der Bonner Feldstraße 29 gehört seiner Ehefrau Elke und erreicht mit nur ein paar Angestellten mitunter Umsätze in zweistelliger Millionenhöhe.

Für so einen interessieren sich nun die Späher diverser Nachrichtendienste. Der israelische Mossad ist ihm seit geraumer Zeit auf den Hacken, und Ende letzten Jahres setzten die Israelis ihre Kollegen vom Bundesnachrichtendienst (BND) über Heiner ins Bild. Die Pullacher Behörde schlug dann am 26. Februar 1990 bei der Bundesregierung Alarm.

Auch dem langjährigen Irak-Gegner Iran ist der 50jährige ein Begriff. Anonym erhielt der Händler »im Namen des barmherzigen Allah« den Drohbrief einer Fundamentalistengruppe mit Namen »Vollstrecker von Chomeinis Vermächtnis«.

Wenn er weiterhin »für den Satan Hussein« arbeite, werde sein Geschäft zerstört und auch die Familie bliebe nicht verschont, Gnade gäbe es nur, wenn er »vom Weg des Teufels« umkehre.

Wortgleiche Briefe gingen an eine ausgewählte Gruppe deutscher Kaufleute. Neben Heiners Inwako wurden noch sechs weitere deutsche Unternehmen bedacht – eine illustre Reihe, von MBB bis Thyssen.

Für einige Zeit war er jetzt in relativ sicherer Obhut. Kölner Zollfahnder und Bonner Staatsanwälte rückten am 22. August 1990 bei ihm an. Heiner wurde wegen der angeblichen Irak-Lieferungen verhaftet und kam erst nach Tagen gegen Zahlung einer Kaution in Höhe von 500 000 Mark aus der U-Haft frei. Gegen einen weiteren Inwako-Mitarbeiter und seinen Kieler Geschäftspartner Klaus Weihe wurden ebenfalls Ermittlungsverfahren eingeleitet.

Weihe ist ein zäher Kaufmann. Er gehört zu denen, die im Verdacht standen, das Irak-Embargo knacken zu wollen.

Der jordanische Händler Sadeq Qadoumi beispielsweise erhielt am 9. August dringende Post von Weihe. »Ich bin sehr glücklich«, schrieb der Kieler Kaufmann, »mit Ihnen wieder in Kontakt zu kommen.« Eine wichtige Fuhre müsse an »unsere Freunde« geliefert werden.

Der Mann in Amman wußte gleich, es würde keine leichte Fracht werden: 30,5 Tonnen Stahlrohre, eine Drehbank samt Ersatzteilen und »vielleicht ein paar kleine zusätzliche Dinge« sind ein Haufen Zeug, wenn es, was auf der Hand liegt, an den Kontrollen vorbei in den Irak geschafft werden soll. Ganz diskret wollte Weihe das Geschäft (Wert: 653 851,66 Mark) abwickeln: »nur von Fax zu Fax«.

TELEFAX
von/from
WEIHE GMBH
Hasenholz 2a, D-2300 Kiel 17 Altenholz
Tel. 0431-32 10 71 - Fax. 0431-32 10 22
Telex 292430 weimo d

an/to: National Feed MFG Co.
z. Hd./attn.:   Mr. Qaddumi

August 09, 1990
1/1

Dear Mr. Qaddumi,

I am very happy to have come into contact with you again.

Referring to our telcon August 08, I'd like to ask if it is
possible if you can arrange a consignment to our friends.

It would consist of 3 different parts:

1. a lot of hollowbars, stainless steel DIN 17456, Wst 1.4305
   weight: approx. 30 500 kg
   value: DM 412.024,16
2. a lathe machine with auxiliary whirling attachment
   value: DM 241.827,50
3. probably some small items

Our customer will open a l/c in your favour and you wil open a
l/c in account for a German company.

The goods will be sent to you, you will arrange the shipment to
the customer.

Please inform me about your decision, whether you can make this
arrangement. Tell me about the margin that shall be included to
you.

Please send your answer only by fax to fax No.

                   ++49/431/32 (Pr y zys.)

Thank you for your efforts and best regards

Mr. Klaus
Klaus Weihe

1300 Kiel 17 - Altenholz   Telefon: 04 31/32 10 71   Versand- und Westbank, Kiel   Kreis- und Stadtsparkasse   Handelsregister   Geschäftsführer
Hasenholz 2 a   Telefon: 04 31/32 10 22   BLZ 210 300 00   Eckernförde, BLZ 210 520 90   Amtsgericht Eckernförde Klaus Weihe
                            Telex: 292 430   Ktg. Nr. 96/391300   Ktg. Nr. 860 0388   HRB 330

GHAZI QADOUMI TRADING ESTABLISHMENT — P. O. Box · 20748 — AMMAN — JORDAN

Date	: AMMAN AUGUST 12th, 1990	No. of page (1)
To	: WEIHE GMBH.	Faxref. : 512/730
Att.	: Mr. Klaus Weihe	

Reference : your fax of August 9th, 1990

MESSAGE :

Cooperation is possible, however, we suggest a personal
meeting. Our charges will be 15% plus Transportation cost.

Best regards,
SADEQ QADOUMI

Eine wichtige Fuhre »an unsere Freunde«

Am 12. August gab Qadoumi sein Okay: »Die Zusammenarbeit ist möglich.« Einzelheiten sollten auf einem Treffen erörtert werden. Der Jordanier verlangte einen saftigen Risikoaufschlag: fast 100 000 Mark Prämie, Transportkosten natürlich extra.

Eine gefährliche Mischung aus Waffen und Können bringt deutsche Kaufleute offenkundig immer wieder in Versuchung, auch im Zweifel einen guten Deal mitzunehmen. Geschäft ist Geschäft, auch wenn es über Leichen geht.

Im Irak ist eine unternehmerische Drei-Klassen-Gesellschaft am Werk. Bei Großprojekten in dreistelliger Millionenhöhe bleiben Konzerne wie Ferrostaal aus Essen oder Gildemeister aus Bielefeld unter sich. Mit viel gespielter Naivität und Augenzwinkern wird von angeblich harmlosen Geschäften geredet – auch wenn es um Kanonenfabriken oder ein Militärforschungszentrum geht. Profis der Branche wie die Ottobrunner Waffenschmiede MBB treten erst gar nicht in Erscheinung.

Die zweite Gruppe im Irak-Geschäft sind die Exoten. Ebenso wie im B-Waffen-Bereich ist auch die Lieferung von C-Anlagen Spezialisten vorbehalten. Da sich große Chemieunternehmen seit einiger Zeit nicht mehr an dubiosen Irak-Lieferungen beteiligen, sind die Einkäufer aus Bagdad auf Hinterhof-Betriebe oder skrupellose Exporteure wie die Manager der kleinen Hamburger W.E.T. oder der Dreieicher Pilot Plant angewiesen – ein alles in allem übersehbarer Haufen.

Vielseitig muß die dritte Gruppe sein. Ein gutes Dutzend Makler wie Heiner lebte gut vom Irak-Geschäft. Viel Einsatz und Einfallsreichtum wird von den Auftraggebern verlangt. Verdient wird klotzig in der Maklerbranche: Der Iraker Abdul Moneim Jebara, Inhaber einer kleinen Münchener Export-Import-Firma, sackte während des Golf-Krieges für die Vermittlung von deutscher Nachrichtentechnik in den Irak in nur drei Jahren Provisionen in Höhe von rund 4,2 Millionen Mark ein. Spesen natürlich extra.

Gute Verbindungen sind das Schmiermittel für die Geschäfte. Jebara war mit dem irakischen Geheimdienstchef Fadel Barak befreundet, ein Ramzi Al Khatib, Gesellschafter der Gräser GmbH aus dem hessischen Fischbachtal, ist mit dem Industrieminister Hussein Karmil, einem Schwiegersohn Saddam Husseins, gut bekannt – das hilft.

Die Firma, die im Sommer 1990 Besuch von der Zollfahndung bekam, soll das Kanonenprojekt in Tadschi an Ferrostaal vermittelt haben. Die Ermittler stellten einschlägige Unterlagen sicher, es wurde allerdings kein Ermittlungsverfahren eingeleitet. Bloße Vermittlung ist juristisch nicht von Bedeutung.

Aber keiner scheint da so vielseitig zu sein wie Heiner in Bonn. Ein Mann für alle Fälle, der die Hand immer am Drücker hat. Nach seinem Ausstieg im Januar 1977 bei der Waffenexport GmbH, stieg er zunächst ins Libyen-Geschäft ein. Manchem wurde da gleich ganz mulmig. Dem Rüdesheimer Chemiker Klaus Hoffmann beispielsweise, der im Auftrag der Inwako in Tripolis war.

Hoffmann glaubte zunächst über Entgiftungsanlagen und Gegenmittel für C-Waffen zu verhandeln. »Mit Erstaunen«, teilte er nach seinem dritten Besuch Heiner mit, habe er festgestellt, daß es »nicht, wie ursprünglich angenommen, um ABC-Schutzeinrichtungen geht, sondern nur um den Aufbau einer ›chemischen Kampfmittelproduktion‹«. Da mache er nicht mit, protestierte Hoffmann. »Sie können mich in keiner Weise dazu zwingen, gegen Gesetze zu verstoßen.«

Ob die Offiziere des Muammar el Gaddafi tatsächlich bereits an einer Giftgasküche laborierten, ist nicht bekannt. Der Inwako-Mann bestritt gegenüber dem Chemiker (Titel der Doktorarbeit: Nachweis von chemischen Kampfstoffen im Trinkwasser) den Giftverdacht, aber Hoffmann war die Sache zu heiß. Er stieg aus, obwohl er »über DM 10 000 an Reisekosten etc. umsonst investiert« hatte.

Zu Beginn der achtziger Jahre fädelte die Branche Irak-Geschäfte in Serie ein. Heiner gelang gleich ein Coup. Anfang 1981 warb er den GSG 9-Mann Ludwig Heerwagen als Ausbilder für einen Irak-Einsatz an. Ziel war es, »eine Spezialeinheit aufzustellen, der es möglich ist, allen terroristischen Aktivitäten im Landesinnern entgegenzutreten‹«.

Die GSG 9-Schulung für die Irakis dauerte von Mai 1982 bis August 1982 und kostete Heerwagen viel Nerven. Die Irakis waren untrainiert, schossen »sehr schlecht, um nicht zu sagen katastrophal« (Heerwagen), und selbst an Munition haperte es. »Zur Verfügung standen 3000 Schuß, das allermindeste wären 15 000 Schuß« gewesen. »Aufträge oder Befehle wurden zum Teil gar nicht aufgenommen, nur ungenau oder gar nicht durchgeführt.«

Doch immerhin, Heiners Ruf im Irak als Mann mit Verbindungen war das Projekt förderlich, und inzwischen hapert es zwischen Euphrat und Tigris weder an Munition noch an Gerät. Leute wie Heiner sollen dazu erheblich beigetragen haben.

So soll er wichtige Teile und Werkzeuge für die Verbesserung der sowjetischen Scud-B-Raketen geliefert haben. An dem Projekt unter dem Kürzel 1728 sind ein halbes Dutzend deutsche Firmen beteiligt gewesen. Es handelt sich, erläuterte Wirt-

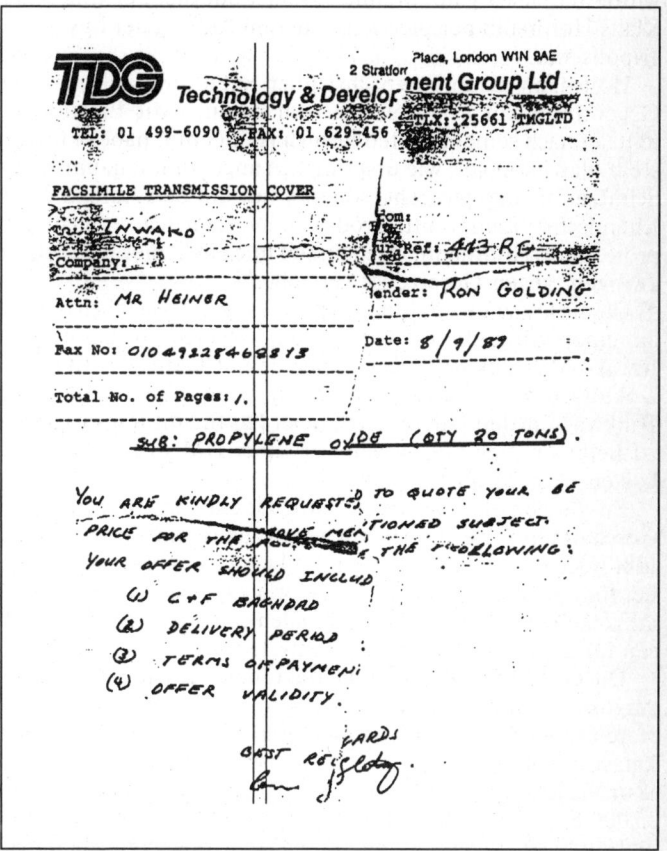

Mossad-Fund bei TDG

schaftsminister Helmut Haussmann im August in vertraulicher Bonner Runde, »um Einzellieferungen« von »mittelständischen deutschen Unternehmen«.

Eine der Lieferungen machte vor allem die Israelis nervös. Gemeinsam mit einem englischen Partner soll Heiner Ringmagnete für das Rotorlager einer Gasultrazentrifuge in den Irak geschafft haben. Die Magnete sollen den reibungsfreien Lauf der Zentrifuge ermöglichen.

Mossad bleibt Heiner auf der Spur, und das hat sich herumgesprochen. Bei der Londoner Technology Development Group (TDG), der Frontorganisation der Irakis für Einkäufe in Westeuropa, entdeckte jüngst ein Späher ein zerrissenes TDG-Fax an Heiner vom 8. September 1989.

Als die Fetzen zusammengesetzt waren, wurde erkennbar, daß die TDG bei Inwako 20 Tonnen eines Vorproduktes für Nervenkampfstoffe geordert hatte. In einem weiteren, ebenfalls zerrissenen Fax vom 5. Oktober wird ein Rabatt angemahnt.

Ob die Lieferung erfolgt ist, blieb auch den Diensten verborgen. Heiner hält sich bedeckt und mag Fragen nach seinen Irak-Geschäften nicht beantworten. Er bereite sich, so sein Anwalt, auf die Einlassung für »Gericht und Staatsanwaltschaft« vor.

Andere Händler-Kollegen waren hingegen emsig. Al Khatib von Gräser beispielsweise, der so gute Beziehungen zu irakischen Regierungsmitgliedern hat, wollte deutsche Geiseln aus dem Irak holen – diesmal ganz ohne Provision.

La Grande Nation

Die unverhüllten Annäherungsversuche Saddam Husseins vor aller Welt waren manchem Franzosen ein wenig peinlich. Von einem »vergifteten Geschenk« und einer »Falle« schrieben wortgleich französische Blätter, als der Diktator Ende Oktober die Freilassung aller französischen Geiseln bekanntgab. Die »Freilassung ist das mindeste«, so erklärte allerdings Verteidigungsminister Jean-Pierre Chevènement, »nach all der Hilfe, die Frankreich dem Irak im Augenblick seiner schwersten Prüfung geleistet hat«.

Und der irakische Botschafter in Paris stimmte zu. »Der französische Fall ist ein besonderer«, so Rassek el Haschemi. »Aus Hochachtung für das Volk von Frankreich« habe der Irak die Franzosen ziehen lassen.

Die Grande Nation war über Jahrzehnte für Bagdad die wichtigste Bezugsquelle im Westen. Allein im letzten Jahrzehnt stattete Frankreich den Despoten mit Waren im Wert von über fünf Milliarden Dollar aus. Frankreich hielt erst Anfang 1990 inne, als Bagdad nicht mehr cash zahlen konnte.

Mit Billigung der Regierung in Paris lieferte die staatlich kontrollierte Flugzeugfirma Dassault:

328 Mirage-Kampfflugzeuge, davon 200 Jagdbomber F-1E, 120 Abfangjäger der Typen F-1B (60) und F-1 (60) sowie 8 Mirage-5 Angriffsflugzeuge.

5 Super Etendard Marine-Kampfbomber; 3 Trainingsjets Mystère-20.

Weiteres Fluggerät und Flugzeugwaffen lieferte der Staatskonzern Aerospatiale:

121 Kampfhubschrauber SA-330 Puma (46), SA-341 Gazelle (61), SA-321 Super Frelon (14); dazu 59 Unterstützungshelikopter SA-316 Alouette-3;

4248 Luft-Boden-Raketen, darunter 1356 AS-11, 664 AS-12, 1028 Exocet AM-39 und 1200 lasergesteuerte AS-30.

Ebenfalls vornehmlich Flugzeugwaffen steuerte Matra bei: fast 3000 Flugzeuglenkwaffen, darunter 1798 Magic-Raketen und 600 Armat-Antiradar-Raketen;

100 Flugzeug-Abwehrraketen Crotale (zusammen mit Thomson);

die Panzerfaust Apilas.

Die staatliche Panzerschmiede Giat verschiffte nach Bagdad:

541 Kampfpanzer AMX-30; 150 Schützenpanzer AMX-10; 85 Panzerhaubitzen AMX-155-GCT.

Ergänzt wurde Iraks Panzerarsenal aus der Produktion der Firma Panhard mit

187 Aufklärungspanzern AML-60 und AML-90 und 143 Schützenpanzern;

100 VCR-Panzerfahrzeuge mit Startgeräten für die deutschfranzösische Panzerabwehrrakete Hot.

Euromissile, je zur Hälfte im Besitz des französischen Staates und der zum Daimler-Konzern gehörenden Münchener Rüstungsschmiede MBB, steuerte modernste Raketen bei:

4450 Milan-Raketen plus 114 Startgeräte; 5000 Hot-Raketen und 166 Abschußanlagen;

136 Roland-Werfer mit 1050 Raketen für Tieffliegerabwehr.

Die Staatsunternehmen Thomson CSF und Thomson Brandt Armament (30 Granatwerfer 120 Millimeter) haben ebenso geliefert wie acht andere Unternehmen, von denen die Firma Technicatome aus Aix en Provence mit 140 Lieferungen von angereichertem Uran den für Bagdad wohl wichtigsten Beitrag geleistet hat.

Bagdads Rüstungswahn

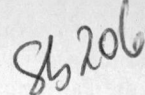

Seit Anfang der achtziger Jahre entwickelte sich der Irak zum
größten Aufrüster im Nahen Osten und den Golf-Regionen.
Die ganze Welt half Saddam Hussein bei seiner militärischen
Expansion.

Zu Beginn des acht Jahre lang dauernden Krieges mit dem
Iran gab der Irak rund 12 Milliarden US-Dollar für den Unter-
halt des Heeres und Einkäufe militärischen Geräts aus. Auf
dem Höhepunkt der Hochrüstung im Jahre 1984 waren es rund
32 Milliarden Mark. Das entspricht einem Anteil von 30 Prozent des irakischen Sozialprodukts.

Erst 1988, am Ende des Krieges, fielen die Militärausgaben
wieder auf den Stand vom Kriegsbeginn zurück. Im Jahre 1989
ließen die Nachrüstung und die neuen Invasionspläne Husseins die Ausgaben wieder ansteigen.

**Rüstungsausgaben des Irak
(in Mill. US-Dollar, konstante Preise/1988)**

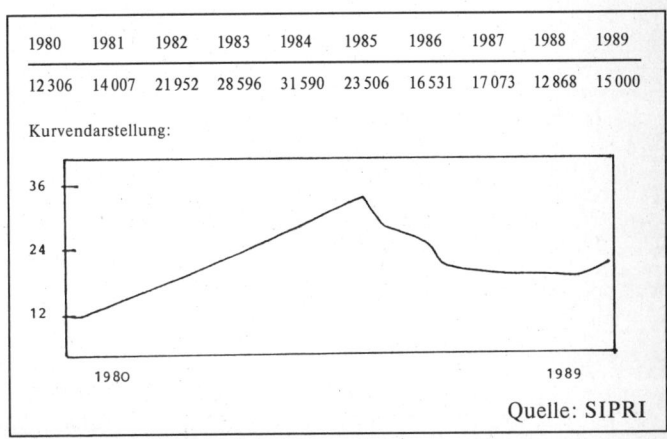

1980	1981	1982	1983	1984	1985	1986	1987	1988	1989
12306	14007	21952	28596	31590	23506	16531	17073	12868	15000

Kurvendarstellung:

Quelle: SIPRI

137

Bereits 1982 überflügelte der Irak mit seinem Rüstungsaufwand das sich über Jahre hinweg gleichfalls hochrüstende Saudi Arabien. Ein Jahr später hatte Saddam Hussein auch die Sechser-Gruppe des Gulf Cooperation Council (GCC) überholt. Neben den Saudis zählen zu diesem lockeren Staaten-Verbund Bahrein, Kuweit, Oman, Quatar und die Vereinigten Arabischen Emirate.

Die Rüstungskurven der Konfliktstaaten kreuzen sich wieder im Jahre 1985, als die GCC-Staaten ihre Militär-Anstrengungen forcierten und der Irak seine Ausgaben begrenzte. 1988 überholte auch Saudi Arabien wieder den unberechenbaren Nachbarn.

Index der Militärausgaben von Irak, Saudi Arabien und GCC (konstante Preise)

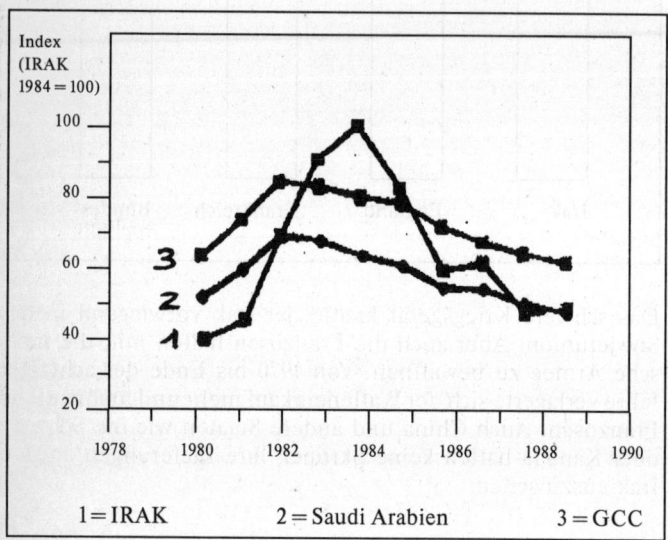

138

Der Irak entpuppte sich als Großeinkäufer von schweren Waffen wie Panzern, Kanonen, Hubschraubern und Flugzeugen. In der achtziger Dekade gab das Land für solches Gerät mehr aus als große Industrie- und Rüstungsnationen in Westeuropa, fast doppelt soviel wie die Bundesrepublik.

Iraks Aufrüstung mit schweren Waffen: 1980–1989 (in Mrd. US-Dollar)

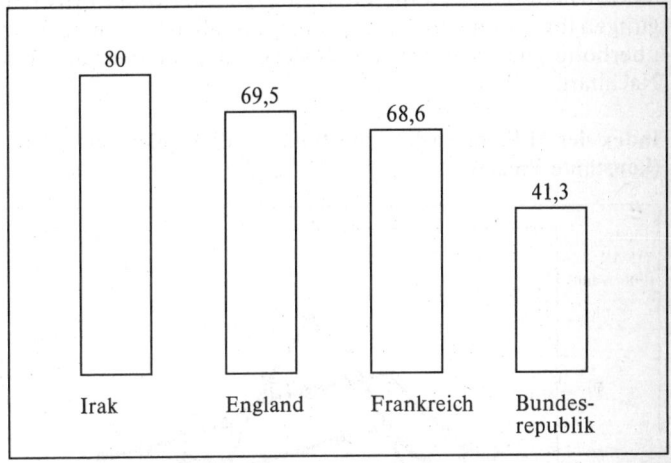

Das schwere Kriegsgerät kaufte der Irak vorwiegend in der Sowjetunion. Aber auch die Franzosen halfen mit, die irakische Armee zu bewaffnen. Von 1970 bis Ende der achtziger Jahre verlagerte sich der Waffeneinkauf mehr und mehr auf die Franzosen. Auch China und andere Staaten wie die Schweiz oder Kanada hatten keine Skrupel, ihre Lieferungen an den Irak auszuweiten.

**Irak-Importe an schweren Waffen seit 1970
(in Mill. US-Dollar)**

	Aggregate 1970-1989	Anteil in % 1970-1989	Aggregate 1980-1989	Anteil in % 1980
UdSSR	19 237	61	13 396	53
Frankreich	5 538	18	5 054	20
China	1 664	5	1 664	7
Brasilien	1 121	4	1 121	4
Ägypten	1 108	4	1 108	4
Tschechoslowakei	703	2	614	2
Andere	2 166	6	2 116	10
Gesamt:	31 537	100	25 073	100

Die Tabelle auf Seite 141 zeigt, daß auch die »kleineren« Länder CSSR, Ägypten und Brasilien tatkräftig Saddam Husseins Position im Nahen Osten stützten. Die Bundesrepublik ist im Vergleich zu anderen Industrienationen ein bescheidener Irak-Lieferant, was die offizielle Lieferung schwerer Waffen betrifft.

Nur Indien kaufte im Ausland seit 1985 mehr schweres Kriegsgerät als der Irak. Saddam Hussein liegt in der Weltrangliste der Importeure an zweiter Stelle, noch vor Japan und Saudi Arabien.

In der Liste der ersten 15 Großlieferanten von schweren Waffen taucht natürlich der Irak nicht auf. Er verfügt nicht wie Israel, Brasilien oder Ägypten über Export-Kapazitäten bei schweren Waffen. Spitzenreiter unter den Rüstungslieferanten ist die Sowjetunion, dicht auf die USA. Frankreich lieferte in den fünf Jahren seit 1985 mehr als dreimal soviel wie die Bundesrepublik in alle Welt. (Siehe Seite 143)

Der Irak und seine Rüstungslieferanten (in Mill. US-Dollar, konstante Preise/1985)

	1980	1981	1982	1983	1984	1985	1986	1987	1988	1989	Gesamt
UdSSR	1336	965	1075	992	2162	1541	1156	3197	852	120	13396
Frankreich	188	951	189	778	864	722	757	234	271	100	5054
China	–	–	111	258	228	228	228	294	317	–	1664
Brasilien	118	118	118	138	108	68	18	163	160	112	1121
Ägypten	21	33	44	314	94	118	150	190	101	43	1108
Tschechoslowakei	20	107	98	79	79	79	38	38	38	38	614
Jordanien	–	12	42	201	94	–	16	–	–	–	365
Polen	–	204	68	–	–	20	20	–	–	–	312
USA	–	–	–	–	–	–	–	46	192	–	238
Dänemark	–	–	–	189	–	–	–	–	–	–	189
Spanien	–	–	38	38	25	25	21	21	17	–	185
Südafrika	–	–	–	–	–	40	40	40	40	–	160
Italien	–	–	39	19	40	23	–	4	7	–	132
Rumänien	–	–	34	34	34	–	–	–	–	–	102
Schweiz	5	17	10	38	–	–	–	21	5	–	96
Libyen	–	–	–	80	–	–	–	–	–	–	80
Jugoslawien	–	50	–	–	–	–	–	–	–	–	50
Ungarn	–	37	–	–	–	–	–	–	–	–	37
Kuwait	–	–	–	–	36	–	–	–	–	–	36
Bundesrepublik	–	–	12	4	3	6	–	–	–	6	31
England	–	–	2	15	–	–	–	–	–	–	17
DDR	–	14	–	–	–	–	–	–	–	–	14
Kanada	–	–	–	–	–	–	–	–	6	–	6
Saudi Arabien	–	–	–	–	–	–	4	–	–	–	4
Gesamt:	1668	2508	1880	3177	3767	2870	2448	4248	2006	419	

Die führenden Importeure von schweren Waffen (in Mill. US-Dollar, konstante Preise/1985)

Importeure	1985	1986	1987	1988	1989	1985–89
Dritte Welt						
1. Indien	1876	3683	4585	3383	3819	17345
2. Irak	2871	2447	4247	2005	418	11989
3. Saudi Arabien	1447	2395	1956	1770	1196	8764
4. Syrien	1690	1508	1169	1172	336	5876
5. Ägypten	1282	1665	2347	348	152	5795
6. Nord-Korea	977	876	487	1383	1553	5275
7. Afghanistan	82	611	687	939	2289	4610
8. Angola	694	975	1135	890	24	3719
9. Libyen	969	1359	294	65	499	3186
10. Taiwan	664	866	640	513	263	2946
11. Iran	710	746	685	538	261	2940
12. Pakistan	675	616	467	467	694	2919
13. Süd-Korea	388	267	597	934	607	2794
14. Israel	193	446	1629	327	93	2687
15. Thailand	305	74	644	510	330	1862
Andere	5753	5026	4601	4012	3893	23285
Gesamt:	20576	23560	26170	19256	16427	105989
Industrie-Nationen						
1. Japan	1634	1745	1771	2343	3062	10554
2. Tschechoslowakei	1332	1086	967	1067	828	5280
3. Spanien	270	1039	1513	1580	749	5152
4. Türkei	604	621	1153	1238	1134	4751
5. Polen	427	1057	983	1063	1118	4649
6. Kanada	877	828	732	526	444	3408
7. Griechenland	192	156	93	860	1813	3114
8. DDR	663	482	325	865	625	2960
9. Australien	352	699	478	579	847	2955
10. Niederlande	814	702	296	154	761	2727
11. UdSSR	497	473	497	483	359	2310
12. Bulgarien	589	666	598	220	–	2073
13. Ungarn	759	507	592	–	–	1859
14. Bundesrepublik	199	411	320	301	613	1844
15. Jugoslawien	103	103	234	748	450	1639
Andere	2615	1903	2116	2335	2589	11552
Gesamt:	11927	12478	12668	14362	15392	66827

**Die führenden Exporteure von schweren Waffen
(in Mill. US-Dollar, konstante Preise/1985)**

Exporteure	1985	1986	1987	1988	1989	1985–89
1. UdSSR	12796	14579	14718	12464	11652	66209
2. USA	8800	10272	12529	10505	10755	52862
3. Frankreich	3970	4005	2896	2199	2732	15802
4. England	1699	1429	1665	1297	1620	7711
5. China	1088	1193	1960	1842	779	6862
6. Bundesrepublik	1025	1108	674	1432	780	5019
7. Tschechoslowakei	497	497	570	548	546	2658
8. Italien	646	456	388	438	149	2077
9. Schweden	163	324	489	577	323	1877
10. Niederlande	88	240	265	532	631	1756
11. Brasilien	188	150	507	356	183	1385
12. Israel	227	250	346	133	228	1183
13. Spanien	139	193	160	212	404	1109
14. Kanada	132	472	387	75	37	1103
15. Ägypten	124	159	194	232	62	771
Andere	922	710	1089	777	938	4432
Gesamt:	32504	36037	38827	33619	31819	172816

Bonn und die Pannen im Fall Imhausen

Der Manager aus Niedersachsen hatte die Gespräche mit seinen Geschäftspartnern beendet und schlenderte durch die Moskauer Innenstadt. So nebenbei vertraute er seinem Begleiter, einem guten Bekannten aus der deutschen Botschaft, eine wichtige Information an.

Als Botschafter Jörg Kastl davon erfuhr, ließ er im Bundesaußenministerium Alarm schlagen. Sein Mitarbeiter Detlef Lingemann schickte unverzüglich ein vertrauliches Telex nach Bonn.

Der Inhalt war von höchster Brisanz: »Betrifft: Verdacht einer Lieferung einer Giftgasanlage durch deutsche Unternehmen via Hongkong nach Libyen«. Die Imhausen Chemie GmbH und ein bundeseigener Konzern, hieß es, seien daran beteiligt.

Die Nachricht trug das Datum 5. Juli 1985. Kastl und sein Mitarbeiter rechneten mit Rückfragen. Doch es regte sich nichts, kein Wort aus Bonn dazu. Erst Jahre später sollte Lingemann, der inzwischen als Legationsrat Erster Klasse an die westdeutsche Botschaft nach Burkina Faso/Afrika versetzt worden war, wieder mit dem Vorgang in Berührung kommen.

Während seines Heimaturlaubs las er im Januar 1989 im SPIEGEL Details über die Lieferung der Giftgasfabrik an Diktator Muammar el-Gaddafi. Lingemann, den das öffentliche Verwirrspiel um die Giftgasfabrik ärgerte, eilte sofort ins Auswärtige Amt. Empört erzählte er dem Referatsleiter für Exportkontrollfragen, Klaus Ackermann, von dem Vorgang aus dem Jahre 1985.

Ackermann ließ das Aktenmaterial durchforsten und stieß auch tatsächlich auf das Telex. Ein ungeheurer Vorgang: Das Außenministerium hatte die Nachricht aus Moskau verschlampt. Das Kanzleramt wurde unmittelbar über den peinlichen Fall informiert. Dort aber tat sich vorläufig nichts.

Damals schon fahndete eine 20köpfige Sonderkommission aus Vertretern des Bundeskriminalamtes, des Kölner Zollkriminalinstituts, der Zollfahndung und der Staatsanwaltschaft nach den Beteiligten des Giftgasskandals. Von den neuen, durch Lingemann beigesteuerten Erkenntnissen erfuhren sie nichts.

Erst vier Wochen nach Lingemanns Besuch im Auswärtigen Amt gab Ministerialrat Carsten Hegerfeldt aus dem Kanzleramt den Vorfall an die mit den Ermittlungen betrauten Mannheimer Staatsanwälte weiter. Hegerfeldt übermittelte in dem Telefonat den Namen Lingemann und bedauerte die Verzögerung. Das Kanzleramt sei erst jetzt auf den Vorgang aufmerksam gemacht worden.

Der Anruf in Mannheim erfolgte am 15. Februar 1989. Zwei Tage später sollte der damalige Kanzleramtsminister Wolfgang Schäuble im Bundestag einen Bericht über die Rabita-Affäre abgeben. In den vier Wochen zwischen Lingemanns Aufklärung und Schäubles Bericht ermittelte die Sonderkommission bei Imhausen, der Staatskonzern Salzgitter aber blieb in der Zeit ungeschoren. Angestellte des Konzerns nutzten diese Frist, um am Sitz des Imhausen-Partners Salzgitter Indu-

Rabita – Hinweis aus Moskau wurde verschlampt

146

striebau GmbH (SIG) in Salzgitter-Drütte die einschlägigen Akten zu filzen.

Erst am 21. Februar 1989 wurde Lingemann vernommen. Bis April dauerte es dann noch, bis Suchtrupps der Fahnder sich auch in den Salzgitter-Büros umsahen. Der Fall SIG, die für die Giftgasanlage in Libyen das gesamte Engineering übernommen hatte, ist noch immer nicht abgeschlossen. Gegen die Salzgitter-Mitarbeiter Karl-Heinz Rubin, den technischen Leiter des Projekts, und dessen Kollegen Georg Sobotta und Andreas Böhm wurde bis November 1990 immer noch ermittelt.

Knapp zwei Jahre ist es her, daß der Skandal um die Giftgasfabrik die Bundesrepublik weltweit ins Zwielicht brachte. Aber noch immer sorgt die peinliche Affäre für Aufsehen. In Sachen Rabita und Imhausen/Salzgitter wird weiterhin vertuscht.

So entging Jürgen Hippenstiel-Imhausen auf merkwürdige Weise einer zweiten Anklage. Der Unternehmer war wegen der illegalen Lieferung der Giftgasfabrik nach Rabita (Kodename »Pharma 150«) Ende Juni 1990 zu einer vergleichsweise milden Strafe von fünf Jahren Haft verurteilt worden. Den Gewinn aus dem Skandalgeschäft in Höhe von 69,6 Millionen Mark darf er sogar behalten. Die Staatsanwaltschaft legte Revision ein.

Mitte Juli erfuhren die Mannheimer Ermittler, daß die Lahrer Imhausen-Chemie noch eine zweite, erheblich größere Giftgasfabrik (»Pharma 200«) geplant und die Konstruktionsunterlagen nach Libyen geschickt hatte. Doch die Staatsanwälte reagierten nicht sofort auf die Hinweise. Statt dessen ereigneten sich, wie der SPD-Landtagsabgeordnete Walter Caroli feststellte, »recht merkwürdige Zufälle«.

Als der Hauptermittler, Staatsanwalt Hans-Heiko Klein, von einer Dienstreise zurückkam, waren auf Anordnung seiner Vorgesetzten fast alle Imhausen-Akten ausgeräumt. Der akribische Fahnder sollte, so ein internes »Denkmodell«, in eine andere Abteilung verschoben werden. Klein war in Ungnade gefallen, weil er gegen das milde Imhausen-Urteil opponiert hatte.

Am 7. August 1990 zog die Staatsanwaltschaft dann die Revision gegen das Urteil, das schriftlich noch nicht einmal vorlag, zurück. Erst tags darauf kamen die bis dahin eher schleppend verlaufenden Ermittlungen gegen »Pharma 200« auf Touren – die Imhausen-Chemie und zwölf weitere Objekte wurden durchsucht. Weil aber die Lieferung der Pläne für die zweite Giftgasfabrik voraussichtlich als Fortsetzungstat gewertet wird und die Staatsanwaltschaft auf die Revision verzichtet hat, ist kaum damit zu rechnen, daß Hippenstiel wegen »Pharma 200« eine neue Anklage droht.

Die mächtige Industrie und ihre hochbezahlten Spitzenanwälte nötigen Fahndern schon mal soviel Respekt ab, daß sie sich an manche Fälle nur zögernd heranwagen, oft wird dann reichlich lasch ermittelt. Am Ende sind die Beweise so dünn, daß es für eine Anklage nicht mehr reicht. Für das Vorgehen im Fall Imhausen dürfte es allerdings kaum Parallelen geben.

Regierungsdirektor Willi Vögele von der Oberfinanzdirektion Freiburg sprach am 5. Januar 1989 auf einer gemeinsamen Pressekonferenz mit Jürgen Hippenstiel-Imhausen Firma und Chef von jedem Verdacht frei. Der Mann mit dem Vatermörderkragen gab sich nach der behördlichen Reinwaschung ganz als entrüsteter Ehrenmann.

Doch wie konnten sich die Finanzprüfer so leimen lassen? Hippenstiel hatte, nach oberflächlicher Einschätzung ein Beleg für die reine Weste, den Beamten jede Mithilfe zugesichert und ihnen ohne Zögern bergeweise Unterlagen über die Fabrik »Pharma 150« vorgelegt.

Die Prüfer sahen Fotos von der Bauphase mit bewaldeten Bergen und grünen Wiesen in der Umgebung. Chinesische Arbeiter waren auf der Baustelle zu sehen, chinesische Schriftzeichen auszumachen. Ein Videofilm zeigte einen Fluß an der Grundstücksgrenze. Wie Wüste sah das alles nicht aus. Die Gutachter taten sich auch in der Buchhaltung der Imhausen-Chemie um. Sie fanden Abrechnungen über Flüge nach Hongkong, Rechnungen des Regent Hotels, Bewirtungsbelege des Carst Ocean Seafood Restaurants, Taxiquittungen – alles Hongkong. Hinweise auf Reisen nach Libyen wurden nicht gefunden.

Der Fall war klar: Die Firma Imhausen-Chemie habe, so stellte die Betriebsprüfungsstelle Zoll für den Oberfinanzbezirk Freiburg in ihrem Bericht fest, Know-how für eine pharmazeutische Fabrik nach Hongkong geliefert: »Die Fabrik ist in Hongkong errichtet worden.« Nichts würde die Annahme rechtfertigen, daß Imhausen Libyen beliefert habe.

Die gutgläubigen Prüfer aus Freiburg lagen mit ihrem Freispruch voll und ganz auf der Linie von Bundeskanzler Helmut Kohl. Der hatte, reichlich naiv, den Verdacht der Amerikaner, deutsche Firmen könnten Gaddafi beim Aufbau einer Giftgas-fabrik zur Hand gegangen sein, empört zurückgewiesen. »Überhaupt nicht denkbar« war für Kohl, »daß sich einzelne innerhalb der Bundesrepublik aus Gewinnsucht an Vorhaben beteiligen, die zumindest in Teilen der Welt friedensgefähr-dend sind.«

Und der Kanzler tat noch eins drauf:»Unerträglich«, fand er es, wenn man die Deutschen jetzt auf die Anklagebank setzt, »ohne daß wir die Möglichkeit haben, die Beweismittel einzu-sehen.« Der damalige CDU/CSU-Fraktionsvize Volker Rühe ging die Amerikaner noch massiver an: Die »schrillen Töne« aus Washington würden nicht ohne Auswirkungen auf die deutsch-amerikanischen Beziehungen bleiben.

Beleidigt gifteten die Bonner nicht nur ihre Hauptverbün-deten an. Sie setzten auch ihre außenpolitische Glaubwürdig-keit aufs Spiel. Längst hatten sich die Verdachtsmomente ver-dichtet, daß es sich bei der Hongkong-Fabrik um reine Fassa-den zur Tarnung handelte, da erst ordnete Kohl eine Untersu-chung »ohne Ansehen von Personen und Firmen« an. »Und zwar mit äußerster Beschleunigung«.

Noch heute wundern sich viele Kenner der Vorgänge über den Bonner Schlendrian in dieser Affäre. Rund ein Jahr nach dem Tip aus der Moskauer Botschaft meldete auch der Bun-desnachrichtendienst BND Hinweise auf eine deutsche Betei-ligung beim Rabita-Projekt nach Bonn. Mitte 1987 legten die Pullacher dann ein Dossier vor. Es stützte sich auf amerikani-sche Fotoauswertungen, nach denen die Chemiefabrik in der Wüste eindeutig als Produktionsstätte für Nervengas ausge-macht wurde. »Sehr konkret« wurden die Erkenntnisse für den BND dann im September 1987, als der US-Geheimdienst Kenntnis von einem Unfall in Rabita bekam. Bei einem Test-lauf, meldete der CIA, seien giftige Gase ausgeströmt.

Die US-Geheimdienstler hatten Telefonate in Libyen mit-geschnitten, in denen Techniker vor Ort um Hilfe baten. Die Anlage sei nicht unter Kontrolle zu bringen. Ein Anruf kam auch in Lahr bei Imhausen an. Doch Kohls damaliger Kanzler-berater Waldemar Schreckenberger, zuständig für die Sicher-heitsdienste, wollte von den Mitschnitten nichts gehört haben.

Im September 1988 lieferte der damalige BND-Chef Hans-Georg Wieck im Kanzleramt ein Schriftstück ab. Inhalt: Die Beteiligung der Firma Imhausen an den libyschen Giftgasanlagen. Wenige Wochen später meldete Pullach erneut Hinweise nach Bonn, diesmal noch »konkreter« mit Nennung mehrerer beteiligter deutscher Firmen. Doch den Verantwortlichen im Kanzleramt reichte das immer noch nicht.

»Bei einer stärkeren Vernetzung von Informationen«, umschrieb Schäuble damals vorsichtig die Pannen in Bonn, »hätten wahrscheinlich zu einem früheren Zeitpunkt Konsequenzen ergriffen werden können.« Im Mai 1988, mußte der Kohl-Vertraute einräumen, habe es »von amerikanischer Seite« Hinweise auf eine Beteiligung von Imhausen gegeben. Der BND habe damals das Kölner Zollkriminalinstitut für die Vorermittlungen gegen das Lahrer Unternehmen mit einbezogen.

Am 10. November 1988 berichtete die Bonner Botschaft in Washington über »Besorgnisse der USA über eine C-Waffen-Fähigkeit Libyens« (Schäuble). Beim Besuch in den USA fünf Tage später wurden Kohl und Außenminister Hans-Dietrich Genscher vom damaligen US-Außenminister Shultz und CIA-Direktor Webster Hinweise auf eine Beteiligung deutscher Firmen vorgelegt. Amerikanische Geheimdienstler hatten sogar festgestellt, daß von einem Angestellten der Firma Imhausen in den beiden vorangegangenen Jahren in dem Industrie-Komplex bei Rabita technische Hilfe geleistet worden war.

Der damalige Imhausen-Chef Hippenstiel hatte offenbar bewußt einkalkuliert, daß ihn seine Geschäfte mit dem unberechenbaren Diktator bei Bekanntwerden in erhebliche Schwierigkeiten bringen würden. Er hatte daher viel Energie darauf verwandt, die Spuren seiner Giftgasaktivitäten zu verwischen. Die offizielle Fährte führte nach Hongkong.

Als offizieller Auftraggeber für den Bau von »Pharma 150« trat eine Pen-Tsao-Materia-Medica-Center Ltd. auf. Die Firma Pen-Tsao in Hongkong existierte tatsächlich, ebenso eine Baustelle mit einem leeren Gebäude in Yeun Long. Doch beide waren kaum mehr als die raffinierte Kulisse für ein weit einträglicheres Geschäft – den Bau der Chemiefabrik in Libyen.

Das Büro der Firma Pen-Tsao, tief in der China-Town von Mongkok im Stadtteil Kowloon, war klein und bescheiden. Und doch mußte das Unternehmen sich die Räumlichkeiten mit einem weiteren Mieter teilen, der Dee Trading Co. Ltd. Die Firma Dee war gleichzeitig, mit rund 23 Prozent, der größte Gesellschafter der Imhausen-Chemie in Lahr. Daniel

Cheng, Eigentümer der Firmen Dee und Pen-Tsao, bezeichnet sich als alten Freund der Chemie-Familie Imhausen.

Wie eng die Beziehungen waren, zeigte sich, als Pen-Tsao bei der Swiss Bank in Hongkong ein Geschäftskonto eröffnete. Den Antrag unterschrieb Jürgen Hippenstiel. Als Geschäftszweck wurde, in ungewohnter Offenheit, der »Handel mit Chemikalien und Chemie-Anlagen« angegeben.

Der alte Freund Cheng war einverstanden, daß Hippenstiel-Imhausen in Hamburg eine Tochtergesellschaft der Pen-Tsao gründete. Damit verfügte Imhausen über ein Netz internationaler Firmen, das die Lahrer Firma gut zu nutzen wußte: zur Tarnung ihrer Libyen-Connection.

Die Tarnung reichte gerade noch, um Regierungsdirektor Vögele zu düpieren. Doch Hippenstiel war bereits aufgeflogen, als er noch selbstsicher vor den Fernsehkameras saß. Inzwischen war nämlich das Kölner Zollkriminalinstitut fündig geworden. Die Fahnder waren nicht der falschen Fährte nach Hongkong, sondern der richtigen Spur gefolgt. Und die führte nach Frankfurt. Am Morgen des 4. Januar 1989, Vögeles Werk war noch nicht vollendet, klingelten drei Beamte des ZKI beim Frankfurter Steuerberater Harry P. Meyer. Der hatte dem irakischen Geschäftsmann Ishan Barbouti in den vergangenen Jahren steuerberatend zur Seite gestanden. In seinem Keller lagerten zwölf Kisten mit Akten jener inzwischen liquidierten Barbouti-Firma, der Ishan Barbouti International (IBI). Die Beamten nahmen das Material mit. Der Tip kam vom BND.

Barbouti war die zentrale Figur im Geschäft mit den Libyern. Er war Generalunternehmer für das Werk in Rabita. Seine Frankfurter Niederlassung IBI Engineering GmbH verteilte die Aufträge. Vor allem aber beweisen die beschlagnahmten Akten eindeutig, wie tief Imhausen in das Geschäft mit Gaddafi verstrickt war. Führende Imhausen-Mitarbeiter lieferten die Pläne für die angebliche Pharmafabrik, andere überwachten vor Ort den Bau der Anlage.

Über das Empfängerland hüllte sich der Araber gegenüber seinen deutschen Verhandlungspartnern zunächst in Schweigen. Nachts sei die Gegend kalt und tagsüber heiß, und viel Staub gebe es dort. Für sein Wüsten-Projekt ließ sich Barbouti noch bei verschiedenen deutschen Firmen aufwendige Bauzeichnungen anfertigen.

Später dann gab sich Barbouti gesprächiger. Jetzt ging es konkret um den Aufbau eines Technologieparks bei Tripolis mit einem Ausbildungszentrum für libysche Techniker.

Knapp dreißig deutsche und ein gutes Dutzend ausländische Firmen wurden als Planer und Lieferanten für Rabita gewonnen. Aber nur wenige waren über das Empfängerland und die tatsächlichen Produktionsabsichten informiert. Viele Unterlieferanten wußten nur von Bestellungen der Pen-Tsao aus Hongkong. Die aber spielte in dem Deal eine Schlüsselrolle. Sie trat als Auftraggeber der Anlagen und von Chemikalienlieferungen auf.

Für Pen-Tsao waren auch die Güter bestimmt, die über die Reederei Cross Link in Antwerpen, unter anderem mit dem Frachter »MS Bernhard Schulte«, verschifft wurden. Während der Fahrt änderten sich die Dokumente und der Kurs des Frachters. Neuer Empfänger von Pharma 150 – Libyen.

Die Senfgasfabrik in Rabita gleicht einer Festung. Die Anlage wird von Radar-Anlagen und Videokameras überwacht und ist mit einem Raketengürtel umgeben. Überall sind Wachtposten verteilt. Im eigentlichen Produktionsbereich stehen vier wassergekühlte Reaktorkessel von drei Meter Höhe und drei Meter Durchmesser, daneben zwei kleinere Kessel.

Das Produktionsgebäude ist mit säurebeständigen Kacheln ausgestattet. Alarmanlagen sollen vor austretendem Gas warnen, Sensoren an den Rohrverbindungen Lecks melden. Alarmanlagen und Sensoren, eine deutsche Entwicklung, sind mit einer Schaltzentrale verbunden.

Der erste Stock kann bis zu 30 Zentimeter unter Wasser gesetzt werden. Das Wasser ist in Tanks auf einer höheren Ebene vorhanden. Das Erdgeschoß ist mit einem kompletten Pumpraum ausgestattet. Neben dem Produktionsgebäude steht eine Abfüllanlage, die von den Technikern »The Brewery« (Die Brauerei) genannt wird. Die Wände sind besonders massiv: außen Ziegelsteine, dann 30 Zentimeter Stahlbeton, eine Luftschicht sowie noch eine zehn Zentimeter starke innere Wand.

Der israelische Geheimdienst will bereits im Januar 1989 herausgefunden haben, daß in Rabita täglich 42 Tonnen Senfgas und Sarin hergestellt werden können. Und der Diktator aus Libyen kauft immer noch ein.

Libyen will weitere Todesküchen bauen. Nach Informationen des britischen Geheimdienstes und des BND sind mindestens zwei neue Giftgasprojekte in Planung. In den Konstruktionsunterlagen für eine Anlage in der Wüstenstadt Sabha, berichtete ein aus dem Projekt ausgestiegener deutscher Kaufmann, sei auch von »German suppliers« (deutschen Ausrüstern) die Rede gewesen. Eine Spur führte nach Süddeutschland. Seit März 1990 ermitteln Staatsanwälte in Ulm und Stuttgart gegen die Firmen Abacus, Liebert Consult und Rose Import-Export GmbH.

Die drei Unternehmen sollen versucht haben, eine hochsensible Computersteuerungsanlage von Siemens (Teleperm M) zu exportieren. Ein solches »Meß- und Regelgerät zur Automatisierung einer Chemieanlage« war schon vor Jahren nach Rabita geliefert worden. Die Stuttgarter Rose GmbH ist offenbar eine Firma für alle Fälle. Auf einer Messe in Saudi-Arabien präsentierte sie mit der Filiale Decotech S.A. im schweizerischen Fribourg Schutzausrüstungen gegen C-Waffen. Gemeinsam mit der saarländischen Lux Electronic Engineering GmbH soll sie versucht haben, Navigationsgeräte an Libyen zu liefern.

Wegen Sabha wurde auch gegen eine Tochtergesellschaft des Thyssen-Konzerns ermittelt. Laut einem BND-Papier sollte sie für die unterirdische Giftgasfabrik Hydraulik-Aufzüge liefern. Thyssen bestreitet jedoch eine Ausfuhr.

Eine weitere Entdeckung gibt noch Rätsel auf. Westliche Agenturen meldeten in diesem Sommer, daß Gaddafi in Waddan, zwischen der Küstenstadt Sirt und dem über 500 Kilometer entfernten Sabha gelegen, unter einem alten Fort eine weitere Giftgasfabrik plant.

Deutsche werden wohl auch da mit von der Partie sein. In Sabha existiert bereits eine Napalm-Fabrik. Mit Hilfe aus der Bundesrepublik wurde Anfang der achtziger Jahre ein Raketenzentrum eingerichtet, und nun arbeiten die Libyer und ihre Helfershelfer an einem neuen Raketen-Projekt namens »Ittisalt«.

Deutsche sollen nach Bonner Informationen Minenfernzünder nach Tripolis, Ersatzteile für die Chemie-Anlage Abu Kammasch und Küstenwachboote mit Zubehör geliefert haben. Laut BND-Bericht verscherbelten manche Firmen sogar, unbeeindruckt vom Fall Imhausen, noch Ende 1989 Ersatzteile für die Giftgasfabrik Rabita.

Bevorzugt setzt Tripolis für heikle Aufgaben im Ausland eigene Firmen ein. Gaddafi verfolgt seit langem die Strategie, heimlich für seine Zwecke interessante Unternehmen aufzukaufen. Etliche dürften, mit deutschen Managern und Treuhändern bestens getarnt, für Nachschub an wichtigen Rüstungsgütern sorgen.

In München ist eine solche Gaddafi-Firma enttarnt worden – die Telemit Electronic GmbH. Geschäftsführer Klaus Peter Lemke bestätigte sogar:»Unser Unternehmen gehört dem libyschen Staat.« Weil die Telemit die sogenannte Nato-Zulassung hat, können ihre Manager auch Einblick nehmen in alle militärischen Planungen und Entwicklungen der westlichen Verbündeten.

Die offiziell ausgewiesenen Gesellschafter der Telemit GmbH, die militärische Nachrichtenelektronik wie Funkgeräte, Anlagen zur Sprachverschleierung und einen Laserentfernungsmesser produziert, saßen bis 1986 im Ausland: die Telemit AG im schweizerischen Glasrus und die Jubel Trust in Mauren/Liechtenstein.

Dann verfügte die Bundesregierung für Telemit, die ihren größten Umsatz im Inland mit der Bundeswehr macht, einen Besitzwechsel. Es müsse »jeder Einfluß von Personen, die nicht die Staatsangehörigkeit eines Nato-Mitgliedstaates haben« auf die Telemit ausgeschlossen werden, erläuterte der Bonner Wirtschaftssekretär Otto Schlecht. Die GmbH-Anteile wurden dann auf drei deutsche Staatsangehörige übertragen – einer von ihnen ist Lemke.

Ermittler fanden später heraus, daß ein Schwager von Diktator Gaddafi als Drahtzieher im Hintergrund fungierte – der Libyer Saleh Farkash alias Dr. Farrag. Als Vertreter des mächtigen Staatshandelsunternehmens Lafico (»Libyan Arab Foreign Investment Co«) kaufte er im Westen Raketen, Giftgas, Bomben, Militärelektronik und andere Rüstungstechnik ein.

Auch ein anderer obskurer Helfer war jahrelang bei Telemit aktiv: der Iraker Abdul Moneim Jebara. Der Verbindungsmann zu Bagdad, dem die Münchener Staatsanwaltschaft illegalen Waffenhandel, Verstoß gegen das Kriegswaffenkontrollgesetz, räuberische Erpressung und Geheimdiensttätigkeit zur

Last legte, wurde Mitte 1987 zu sechseinhalb Jahren Freiheitsstrafe verurteilt.

Seit einigen Monaten ist Telemit von Bundeswehr-Aufträgen ganz abgeschnitten. Die Verantwortlichen im Bonner Verteidigungsministerium kamen dahinter, daß drei deutsche Treuhänder allein noch keinen Schutz vor fremdem Einfluß bieten. Telemit steht nach wie vor unter libyschem Einfluß.

Gaddafis Unterhändler wollen sich von der Firma trennen. Seit Monaten ist die mittlerweile ramponierte Telemit zu haben. Doch ein Käufer hat sich bisher nicht eingestellt.

HEISSE WARE FÜR LIBYEN

Firmen, deren Produkte, Pläne und sonstige Leistungen nach Erkenntnissen der Ermittlungsbehörden für den Bau der Giftgasanlage im libyschen Rabita verwendet wurden

aus der Bundesrepublik

PLANUNG, BAU, ABWICKLUNG

GfA Gesellschaft für Automation, Bochum

IBI Engineering, Frankfurt

Imhausen-Chemie, Lahr

Salzgitter Industriebau, Salzgitter

LIEFERANTEN, UNTERLIEFERANTEN

Alexander Wiegand, Klingenberg

Alfred Teves Klimatechnik, Frankfurt

Berkefeld-Filter Anlagenbau, Celle

Bopp & Reuther, Mannheim

Brown Boveri-York, Mannheim

Calor-Emag, Ratingen

Digi Table Thielen, Essen

Eisenwerke Düker, Laufach

Endress + Hauser, Maulburg

Exner Chemie-Ventile, Neuss

G.A.B. Neumann, Maulburg

GEA Wiegand, Ettlingen

Heinkel Elektro-Aggregate, Hamburg

Industrietechnik Kienzler, Vogtsburg-Achkarren

John Zink, Frankfurt

Kämmer Ventile, Essen

Rhenus, Köln (Spedition)

R. Stahl Fördertechnik, Ettlingen

Salzgitter Industrie-Elektrik, Köln

Siemens, Essen

Schott Glaswerke, Mainz

Unielektro, Eschborn

Werner Hemmers Elektro-Schaltanlagen, Essen

Wilhelm Pesch Armaturen, Köln-Godorf

aus dem Ausland

PLANUNG, BAU, ABWICKLUNG

IBI Engineering, Zug/Schweiz

IBI Holding, Zürich/Schweiz

Imhico, Zürich/Schweiz

Imhico, Vaduz/Liechtenstein

LIEFERANTEN, UNTERLIEFERANTEN

Capsulit, Mailand/Italien

Cross Link, Antwerpen/Belg. (Spedition)

Etamoc, Montceau-les-Mines/Frankreich

IG Trading, Antwerpen/Belg. (Spedition)

Termoindustriale, Alba/Italien

Firmen, deren nach Libyen gelieferte Chemikalien nach Erkenntnissen der Ermittlungsbehörden für die Giftgasherstellung geeignet waren:

Atochem, Fos-sur-Mer/Frankreich

Chemische Werke Lahr, Lahr

Hoechst Italia, Rom/Italien

Kanematsu-Gosho, Tokio/Japan

Nisso Shoji, Tokio/Japan

Säurefabrik Schweizerhall/Schweiz

Sung Fai, Hongkong

Die Giftgas-Connection
Eine Chronologie

22. April 1980

Der BND meldet, daß Libyen mit Hilfe von nicht genannten ost- und westdeutschen Experten Anlagen für die Herstellung von Giftgasen und deren Vorprodukte entwickelt.

22. Juli 1981

Der BND stellt fest, daß Libyen an seinen Plänen zur Herstellung von chemischen Kampfstoffen festhält und sich in Italien und Spanien um den Kauf von Grundchemikalien für die geplanten Giftgasanlagen bemüht.

22. Juli 1983

Der BND berichtet, daß Libyen im Besitz einer Anlage zur Herstellung von Senfgas ist und bereits Ende 1981 mit der Produktion begonnen hat. Der BND vermutet die Anlage in der Nähe von Abu Khammash.

Juli 1984

Ein Mitarbeiter des BND gibt an, daß ein deutscher Fachmann ein Jahr lang in Libyen innerhalb eines Chemiekomplexes in der Nähe von Abu Khammash beim Bau einer Anlage für Senfgas geholfen hat. Zu der Anlage gehört, heißt es in dem Bericht, auch eine von einem deutschen Unternehmen errichtete Chlorelektrolyse, in der ein Vorprodukt für Senfgas hergestellt werden kann.

5. Juli 1985

Die deutsche Botschaft in Moskau berichtet über einen Hinweis, nach dem die Firma Imhausen in Lahr (Inhaber Dr. Hippenstiel) einen Vertrag über die Lieferung einer Pharmafabrik nach Hongkong abgeschlossen haben soll. Eine staatseigene deutsche Firma, heißt es, sei darin verwickelt.

Das tatsächliche Bestimmungsland soll laut Hinweis aus Moskau Libyen sein.

19. Juli 1985

Der BND antwortet dem Außenministerium in Bonn, daß keine weiteren Informationen zu dem Bericht der Botschaft aus Moskau vorliegen.

28. Januar 1986

Der BND meldet, daß die Leitung eines deutschen Unternehmens an der Herstellung der Senfgasfabrik beteiligt ist. Der BND vermutet, daß Tarnfirmen in Griechenland, Malta und England Vorprodukte für die Anlage in Libyen einkauften. Der Verband der Chemischen Industrie in Frankfurt wird vor Einkäufern aus diesen Ländern gewarnt.

7. Februar 1986

Der BND gibt Informationen eines verbündeten Geheimdienstes wieder, nach denen der panamesische Frachter »Capira« Anfang Oktober 1985 100 Tonnen Natriumfluorid von Zeebrugge nach Libyen verschifft hat. Eine deutsche Reederei, heißt es, ist ebenfalls verwickelt.

28. Oktober 1986

Der Verfassungsschutz wird gebeten, dem Hinweis eines westlichen Geheimdienstes nachzugehen. Danach soll der Iraker Ihsan Barbouti mit seiner IBI-Engineering einen Auftrag zum Bau eines mikrobiologischen Versuchszentrums in Libyen vergeben haben. Weil kein terroristischer Hintergrund vermutet wird, kümmert sich der Verfassungsschutz trotz mehrfacher Hinweise nicht darum.

22. Juni 1987

Der BND berichtet, daß verbündete Geheimdienste Hinweise auf eine Giftgasfabrik in der Nähe von Rabita in Libyen haben. Die Anlage, heißt es da, sei fast vollständig fertiggestellt und für eine Produktionskapazität von ein bis drei Tonnen Sarin pro Tag ausgelegt.

3. August 1987

Der BND berichtet von Satellitenbildern über die neue Industrieanlage von Rabita, bei der es sich sehr wahrscheinlich um eine neue Chemiewaffen-Fabrik handele.

3. Februar 1988

Die deutsche Botschaft in Libyen berichtet, daß Nachforschungen bei Firmenvertretern aus der Bundesrepublik keine Anhaltspunkte für eine deutsche Beteiligung an Anlagen in Rabita ergeben hätten. Die Lieferung der Ausrüstung, heißt es, ist über die Schweiz organisiert worden. Darin seien allerdings deutsche Vermittler und Firmen verwickelt.

15. März 1988

Das ZKI findet heraus, daß die IBI-Engineering GmbH Libyen mit Know-how und Industrieanlagen beliefert.

Das Außenministerium erhält einen Hinweis von der US-Bot-schaft in Bonn. Die Amerikaner zeigen sich darin besorgt über die Beteiligung deutscher Firmen an der Lieferung von chemischen Anlagen nach Libyen und die Nachrüstung von libyschen C-130-Flugzeugen durch die bayerische Firma Intec. Herkules-Transporter werden in fliegende Tankstellen umgebaut. In dem Papier heißt es ferner, deutsche Firmen hätten

Deutsche Tankstelle für libysche Mirage

Ausrüstungen für eine Chemiewaffenanlage in Libyen geliefert. Unter den beteiligten Firmen sei auch die Imhausen-Chemie.

15. Juli 1988

Der BND meldet, daß ein westlicher Geheimdienst als beteiligte Firmen in Rabita Imhausen, Pen Tsao und IBI nennt.

2. August 1988

Der BND und das Zollkriminalinstitut (ZKI) verständigen sich darauf, allgemeine Nachforschungen über Imhausen auszutauschen. Ehe nicht weitere Informationen vorliegen, soll auf eine Unterrichtung über Verstöße nach dem Außenwirtschaftsgesetz durch das ZKI verzichtet werden.

21. September 1988

Die Bonner US-Botschaft informiert das Außenministerium darüber, daß Libyen mit der Massenproduktion von Giftgasen begonnen hat. Die Anlagen, heißt es erneut, sind mit deutscher Hilfe erstellt worden. Die US-Diplomaten berichten ferner, daß ihre Regierung für die Einstellung sämtlicher Aktivitäten eintritt, die der Herstellung und Verwendung chemischer Waffen in Libyen dienen.

20. Oktober 1988

Bundeskanzler Helmut Kohl wird zum ersten Mal über die Berichte von Geheimdiensten über die libyschen Bemühungen zur Chemiewaffen-Herstellung informiert. Er wird dabei auch über die mögliche Verwicklung der deutschen Firma Imhausen unterrichtet.

2. November 1988

Der BND berichtet über den Kontakt zu einem Informanten, der unter bestimmten Bedingungen bereit ist, Unterlagen über die Chemiefabrik in Rabita und die daran beteiligten Firmen zu beschaffen.

11. November 1988

Im Außenministerium wird zur Vorbereitung auf den Genscher-Besuch in Washington ein Informationsbericht erstellt. Genscher wird empfohlen, auf die Bemühungen der Behörden zur Aufdeckung der Vorgänge in Rabita hinzuweisen. Es gebe aber, heißt es in der Genscher-Vorlage, keine gesicherte Information über eine Beteiligung von Deutschen an der libyschen Chemiewaffenfabrik. Die Bundesregierung habe keine Möglichkeit, die Beteiligung einzelner Deutscher an solchen Projekten zu verhindern.

11. November 1988

Das Genscher-Papier wird auch dem BND zugestellt. Die Behörde in Pullach soll noch einmal die Authentizität des Materials prüfen.

15. November 1988

Beim Treffen mit US-Außenminister Shultz in Washington legt CIA-Direktor Webster Kohl und Genscher Dokumente über die Beteiligung von Imhausen und IBI vor.

14. Dezember 1988

ZKI-Ermittler treffen den bereits vom BND avisierten Informanten, der ihnen einen Ordner mit Dokumenten überreicht. Der Ordner enthält nähere Angaben zum Projekt »Pharma 150«, Rechnungen von ausländischen Firmen an IBI, Konstruktionszeichnungen und Schreiben deutscher und ausländischer Firmen zum Pharma-150-Geschäft. Die ZKI-Beamten finden aber keinen Beweis für Verstöße gegen das Außenwirtschaftsgesetz und auch keine Hinweise auf Lieferungen deutscher Firmen nach Rabita.

162

22. Dezember 1988

Treffen mit einer US-Delegation im Bundesaußenministerium. Die US-Experten präsentieren den deutschen Kollegen
Fotomaterial von der libyschen Chemiefabrik und berichten
von einem Montage-Unfall im August 1988. Sie sind davon
überzeugt, daß die Anlage eine Chemiewaffen-Produktionsan-
lage ist.

2. Januar 1989

Beginn der Außenwirtschaftsprüfung bei der Firma Imhausen
durch Beamte der Freiburger Oberfinanzdirektion. Die Staatsanwaltschaft in Offenburg ist über das Vorgehen informiert. Zu
diesem Zeitpunkt glauben die Fahnder nicht daran, daß die
Voraussetzungen für eine formelle Untersuchung gegeben
sind. Sie wollen die Vorgänge in und um Imhausen überwa-
chen.

Der fixe Übergang vom Schah zu Chomeini

Die Fässer im Hafen von Baltimore enthielten Textilveredler. So stand es in den Frachtpapieren. Zollfahnder Dennis Bass hatte einen Hinweis bekommen und ließ den Stoff prüfen. Seine Befürchtungen stimmten: Die Analyse ergab Thiodiglycol, eine Basissubstanz für die Herstellung von Senfgas. Bass ließ Wasser in die Fässer füllen und dann verladen. Er wollte unbedingt den Zielort herausfinden.

Einige Male wurden die Fässer umgeladen, ehe sie im Bestimmungsland eintrafen: Iran. Beim Versender Alcolac in Baltimore fand Bass bei einer Hausdurchsuchung Unterlagen über vorhergehende Lieferungen von insgesamt 520 Tonnen Thiodiglycol – an den Kriegsgegner Irak.

Die Alcolac-Manager und ihre Helfer hatten für ihre Schiebereien mit brisanten Chemikalien ein raffiniertes Tarn-Netz geknüpft, das von Japan bis in die Schweiz, von den USA bis nach Singapur reichte. Einer der Drahtzieher, der holländische Geschäftsmann Frans van Anraat, saß in Singapur. Zusammen mit seinem japanischen Geschäftspartner Charles Tanaka organisierte er von 1984 an den Handel mit Thiodiglycol. Tanaka kaufte ein, meist in Japan, gelegentlich auch schon mal in Europa, Anraat besorgte den Vertrieb mit vielen Umwegen auf der Route. Endziel war stets Nahost. Als die beiden Kriegsführer Iran und Irak 1987 Giftgas einsetzten, kletterten die Preise für Thiodiglycol in astronomische Höhen, so daß van Anraat und Tanaka Mühe hatten, neue Lieferanten zu akzeptablen Bedingungen ausfindig zu machen. Tanaka schaltete schließlich seinen alten Geschäftsfreund Harald Greenberg ein, und der entdeckte die Alcolac. Deren Manager waren mit der Offerte einverstanden und stellten nicht einmal Fragen.

Die Firma in Baltimore, die bis dahin für ihre Kugelschreiber-Produktion nur kleine Mengen Thiodiglycol bestellt hatte, orderte plötzlich Tonnen. Das mußte auffallen: Bass kam zum Einsatz, und dank seines Spürsinns wurde der Ring bald gesprengt. Die Makler der tödlichen Ware, im Rüstungshandel vergleichsweise unbedeutende Schieber, kamen schließlich hinter Schloß und Riegel.

Ein Schicksal, das den großen Schiebern erspart bleibt. Leichtfertig ausgestellte Exportzertifikate können jederzeit Fahndern und Richtern als Belege der Unschuld präsentiert werden. Noch besser waren die Manager der ehemals bundeseigenen Rüstungsschmiede Fritz Werner Industrie-Ausrüstungen GmbH (FW) in Geisenheim dran, die bei ihren trüben Geschäften von Bonn sogar gedeckt wurden.

Die FW-Manager nahmen an Aufträgen, was kam, und lieferten wahllos jedem, der zahlte. Der weltweit geächtete Rassisten-Staat Südafrika wurde ebenso mit Rüstungsgut bedient wie die Militärs in Argentinien oder die beiden Nahost-Diktatoren Hussein und Gaddafi. Bevorzugter Geschäftspartner aber war der Iran. Noch unter Schah Resa Pahlewi rückte Fritz Werner in die Rolle eines Hoflieferanten. Die Deutschen errichteten den Persern mehrere Munitions- und Waffenfabriken für den Bau von Gewehren und Maschinengewehren und die Produktion von Pistolen-, Infanterie-, Flak-, Mörser- und Artilleriegeschossen.

Auf dem Höhepunkt der FW-Aktivitäten Ende der siebziger Jahre waren rund 300 Ingenieure, Planer und Monteure auf den iranischen Baustellen im Einsatz. Der machtbesessene iranische Potentat, der zur Demonstration seiner militärischen Stärke teures Kriegsgerät wie Massengüter kaufte, bestellte in Geisenheim immer neue Anlagen. In den prallen Auftragsbüchern von Fritz Werner summierten sich schließlich die Bestellungen aus Teheran auf den stolzen Betrag von rund drei Milliarden Mark.

Der Flugverkehr zwischen Rhein-Main und Mittelost nahm zeitweilig touristische Ausmaße an, die Werner-Ingenieure waren an vielen Stellen im Einsatz. Sie zerlegten Sprengkopf, Treibsätze und Infrarot-Suchköpfe einer sowjetischen SAM-7-Rakete und ließen die Teile nach Geisenheim bringen, dort konstruierten FW-Spezialisten den Iranern Maschinen für den Nachbau der Raketen.

In Teheran waren schon die ersten Krawalle gegen das Schah-Regime ausgebrochen, da sicherten sich die Kieler Howaldtswerke Deutsche Werft (HDW) noch einen Auftrag zum Bau von sechs U-Booten. Damit könne man doch nicht, verteidigte der damalige Bonner Regierungssprecher Klaus

Bölling den Deal der ehemaligen Staatsfirma, »Demonstranten auf Marktplätzen einschüchtern«. Was dazu noch fehlte, lieferte Fritz Werner im Herbst 1978 nach: 15 216 Handschellen und 300 Schlagstöcke mit Elektroschockwirkung, eingekauft für 357 000 Mark in den USA und »made in Japan«.

Kurz darauf, nach der Machtergreifung Chomeinis, mußten die staatlichen Waffenlieferanten aus Hessen ihre Mitarbeiter von den Baustellen im Iran zurückbeordern. Die Auftragsstornierungen aus Teheran schlugen derart ein, daß der Umsatz in Geisenheim binnen eines Jahres von 1,2 Milliarden Mark auf 588 Millionen Mark zusammenfiel. Ein Trost für die Belegschaft jedenfalls, daß die einstigen Einkäufer bei Hofe für die nicht mehr realisierten Drei-Milliarden-Projekte bereits 200 Millionen Mark angezahlt hatten. Damit konnten wenigstens die Lohnzahlungen fürs erste gesichert werden. Schließlich gewährte der Eigentümer Bund großzügig Überbrückungshilfen.

Die karge Zeit war schnell dahin: Die Iraker waren in den Iran eingefallen, die Truppen Chomeinis schlugen zurück, und schon bald fehlte ihnen Munition – Fritz Werner war wieder gefragt. Mehr als hundert Ingenieure und Techniker brachten die alten Fabriken im Iran wieder auf Touren. Auch der Nachschub aus Geisenheim kam erneut kräftig ins Rollen: Drehmaschinen, Werkzeuge, Kontroll- und Meßgeräte und sogar komplette Munitionsfabriken sollten geliefert werden.

Waffen und Munition dürfen nach dem Kriegswaffenkontrollgesetz nicht in Krisen- und Kriegsgebiete exportiert werden. Den Export von Anlagen, mit denen Rüstungsgüter hergestellt werden, regelt hingegen das Außenwirtschaftsgesetz. Danach aber ist der Export von »Gegenständen«, die bei der »Entwicklung, Erzeugung oder dem Einsatz von Waffen, Munition und Kriegsgerät nützlich sind«, untersagt, wenn damit »eine Störung des friedlichen Zusammenlebens der Völker« verbunden ist.

»Die Firma Fritz Werner«, erklärte im Juli 1984 der damalige Staatssekretär im Bundeswirtschaftsministerium Martin Grüner, betreibe »das Geschäft zur Errichtung kompletter Anlagen für die Fertigung von Munition und Waffen« seit »mehreren Jahrzehnten«. Auch deshalb schon kenne die Geschäftsführung »die im Zusammenhang mit Rüstungsexporten zu beachtenden gesetzlichen Vorschriften, insbesondere das Kriegswaffenkontrollgesetz und das Außenwirtschaftsgesetz genau«.

Der Golfkrieg hatte schon Hunderttausende von Toten gefordert, der Iran schickte bereits 13- bis 15jährige Kinder als Soldaten auf die Schlachtfelder, da noch bot Fritz Werner Teheran die Lieferung einer kompletten Munitionsfabrik samt Schießstand, Labor und Trainingspersonal zum Preis von 115,6 Millionen Mark an.

Die Bundesregierung hüllte sich zu dem Vorgang in Schweigen. Das seien »Betriebsgeheimnisse«, hieß es lapidar in Bonn. Die FW-Techniker waren für den kriegführenden Iran unentbehrliche Mitstreiter geworden. Sie halfen dabei, die Treffsicherheit sowjetischer »R PG-7«-Panzerfäuste mit 73 Millimeter Gefechtskörper zu verbessern und lieferten Anleitungen zum Kauf von Anlagenteilen für die Fertigung von 25 000 Panzerabwehrraketen.

Selbst vor Geschäften mit obskuren Waffenhändlern wie Günter Leinhäuser schreckten die Bundesmanager nicht zurück. Der gebürtige Saarländer, der sich bis zur Verjährung einer Steuerschuld in Höhe von rund 800 000 Mark in der Bundesrepublik nicht blicken lassen durfte, sollte dem Iran bei der Reparatur von 10 000 Panzerabwehrraketen des amerikanischen Typs Tow aus alten Schah-Beständen behilflich sein. Der FW-Direktor Manfred Leder, der für seine Firma beinahe 15 Jahre im Iran gedient hatte, lud deshalb im August 1986 Leinhäuser zu sich in die Privatvilla nach Geisenheim ein.

Die Reparatur der Raketen, schätzte der Waffenexperte, würde allenfalls 180 Dollar pro Stück kosten. Es könne sich dabei eigentlich nur um einen Defekt der Thermobatterien handeln. Er kenne zwei israelische Ingenieure, beide Raketenspezialisten, die diese Arbeit übernehmen könnten. Weil die Israelis aber nicht in den Iran wollten, müßten die Raketen in die Bundesrepublik geliefert und dort repariert werden. Für die Instandsetzung, schlug Leinhäuser vor, sollte den Iranern 3800 Dollar pro Stück in Rechnung gestellt werden. Außerdem wolle Teheran neue Tow-Raketen, und die Israelis hätten noch einen Bestand von 30 000 Stück, mit dem sie nichts mehr anfangen könnten. Die Nummern wären leicht zu entfernen.

Später stößt zu der Runde in der Leder-Villa auch Said Baradaran, der iranische Beschaffungschef für Rüstungsgüter. Anwesend ist auch der Fernsehjournalist Jürgen Roth, den

Leinhäuser als seinen Berater in Transportfragen vorgestellt hatte. Roth hat die Gespräche später veröffentlicht. Mit Baradaran geht es schnell, er akzeptiert die Reparatur der Tow-Raketen zum Preis von 3800 Dollar und die Beschaffung von weiteren Raketen dieses Typs (»modernste Version«) zum Stückpreis von 13 500 Dollar. Anschließend lädt Leder zum Abendessen in ein Restaurant ein. Die florierenden Geschäfte veranlassen ihn dort zu dem Ausspruch: »Hoffentlich hören die nicht mit dem Krieg auf.«

Die Managementspitze rückte von Leder ab, sie habe von den Gesprächen nichts gewußt. Das mußte wohl so sein. Doch Leder bleibt mit den Iranern in Kontakt, schließlich verdankt FW hauptsächlich ihm die großen Umsatzerfolge mit Teheran. Bis 1985 koordinierte er in Teheran den gesamten militärischen Nachschub. Dazu gehörte auch, wie Firmenmitarbeiter berichteten, eine Fabrik, die noch zu Schah-Zeiten übergeben worden war. In ihr wurden Aluminiumhäute und Füllkammern für Napalmbomben produziert.

Ob mit dem Schah oder dem Chomeini-Regime, die Manager in Geisenheim machten bei ihren Geschäften da keine Unterssschiede. »Es wäre doch unklug«, rechtfertigte der ehemalige Fritz-Werner-Geschäftsführer Richard Pohl die Iran-Deals, »ein in fast einhundert Jahren erarbeitetes Spezialwissen unbedacht verkümmern zu lassen«. Außerdem müsse auch an die Arbeitsplätze gedacht werden, »die daran hängen«.

In anderen Branchen schrumpfen dagegen mit jedem Kriegsjahr die Ausfuhren in die Golf-Staaten. Während deutsche Firmen 1983 noch für 7,7 Milliarden Mark in den Iran und für 3,7 Milliarden Mark in den Irak exportierten, sank das Ausfuhrgeschäft mit beiden Ländern bis 1986 um mehr als die Hälfte. Statt Nahrungsmittel, Textilien oder Bewässerungsanlagen zu kaufen, entartete der Krieg zu einer zermürbenden Materialschlacht, die vor allem militärischen Nachschub erforderte. Die Bundesrepublik, die nach außen hin »strikte Neutralität« wahren wollte, unterstützte sogar iranische Bemühungen um Waffeneinkäufe in der Bundesrepublik.

Eine zentrale Rolle spielte dabei ein Büro in der Kaiserswerther Straße 142 in Düsseldorf. Dort residierte laut Firmenschild die DIO, eine Abkürzung für »Defence Industries Organization« – das deutsche Zweigbüro des iranischen Verteidigungsministeriums. Die Bundesregierung wußte und tolerierte das. Leiter des Büros war Ali Modir Ghomi. Der Iraner konnte von hier aus unbehelligt jahrelang seinen Waffenge- schäften nachgehen. Bereits im November 1984 hatte das Aus- wärtige Amt der Stadt Düsseldorf mitgeteilt, daß es begrüßt würde, wenn Ghomi eine Aufenthaltsgenehmigung bekäme. Bei der DIO, heißt es in der Begründung, »handelt es sich um eine seit langem – schon vor der Islamischen Revolution – im Iran etablierte Institution, die für die Beschaffung von Waren für das Verteidigungswesen zuständig ist. Sie befaßt sich dabei zwar auch mit Rüstungsgütern, die in der Bundesrepublik Exportbeschränkungen unterliegen, jedoch daneben mit Waren verschiedenster Art«. Das Außenministerium unter- stütze »das Anliegen der Iranischen Botschaft, da sich die Ein- richtung eines Verbindungsbüros in Düsseldorf positiv auf die deutsch-iranischen Wirtschaftsbeziehungen auswirkt«.

Ghomi und seine neun Düsseldorfer Kollegen hatten viel zu tun. Nach Erkenntnissen der Zollfahnder wurden in dem DIO- Büro innerhalb eines kurzen Zeitraums Milliarden-Umsätze abgewickelt, in der Hauptsache mit Waffen- und Rüstungsein- käufen. Ghomi nimmt alles selbst in die Hand. So überwachte er am 3. Dezember 1984 im Hafen von Nordenham die Ladung des Frachters Bentota, der 443 Tonnen Treibladungspulver für 155-Millimeter-Artillerie in den Iran bringen sollte, natürlich auf Umwegen.

Auch beim Kauf von einer Million Zünder für Neun-Milli- meter-Patronen, die per Flugzeug von Brüssel nach Teheran geliefert wurden, hatte Ghomi seine Finger drin. Die Rechnun- gen stellte eine Firma in Malmö aus, die Scandnavian Commo- dity. Ihr Inhaber Karl Erik Schmitz wickelte, wie diverse Briefe belegen, über das Düsseldorfer Büro noch eine Reihe weiterer Geschäfte ab.

Das DIO-Büro war eng mit der iranischen Melli-Bank am Schadowplatz in Düsseldorf verbunden. Ghomi ließ dort Ende Mai 1985 ein Akkreditiv für Waffenlieferungen im Wert von 1,6 Millionen Dollar einräumen. Ein wichtiger Verbindungsmann zwischen der Regierung in Teheran, der Melli-Bank und DIO war Sadegh Tabatabai, ein Schwager von Ahmad Chomeini, dem Sohn von Ayatollah Chomeini.

Tabatabai war 1983 bei seiner Ankunft auf dem Flughafen Düsseldorf von der Polizei verhaftet worden. In seinem Gepäck hatten die Beamten eineinhalb Kilo Opium gefunden.

Es wurde viel darüber spekuliert, warum ein derart einflußreicher Mann im Iran sich einem solchen Risiko aussetzte. Wahrscheinlich ist, daß Tabatabai die ungewöhnlich große Menge Rauschgift als Zahlungsmittel gegen Rüstungslieferungen einsetzen wollte – Rauschgift gegen Waffen, eine in der Branche durchaus übliche Transaktion. Im Auswärtigen Amt wurde alles daran gesetzt, den einflußreichen Iraner aus dem Gefängnis zu holen. Außenminister Hans-Dietrich Genscher ließ Tabatabai schließlich rückwirkend den diplomatischen Status einräumen. Der Opium-Kurier mußte daraufhin aus dem Gefängnis entlassen werden.

Die Bundesrepublik, nach der Geiselaffäre in der US-Botschaft für den Iran der wichtigste Partner im Westen, gewann bei den Ayatollahs dadurch noch mehr an Ansehen. Tabatabai kehrte schon bald wieder nach Düsseldorf zurück, überbrachte Genscher eine Einladung seines Schwagers Ahmad Chomeini, gründete zwei neue Tarnfirmen in Stuttgart und Frankfurt und brachte im Verbund mit DIO das Waffengeschäft kräftig in Schwung.

Besonderes Interesse hatten die Iraner an Detonatoren aus deutscher Fertigung. Schmitz und seine Firma in Malmö, spezialisiert auf gut getarnte Umwegtransporte, wurden eingeschaltet. Hergestellt werden sollten die Teile von einem wegen seiner Produktqualität bei Rüstungskunden in aller Welt hochangesehenen deutschen Konzern – der damals noch zur Flick-Gruppe gehörenden Dynamit Nobel AG. Dort trat Schmitz als Auftraggeber auf, bestellte zunächst 150 Detonatoren und ließ sich eine Option auf weitere 350 000 Stück geben. Später dementierte der Konzern, derartige Geschäfte abgewickelt zu haben. Die ermittelnden Staatsanwälte in Bonn fanden jedoch zahlreiche Belege für die illegalen Geschäfte der ehemaligen Flick-Firma. Um die Behörden zu täuschen, wurden als offizielle Käufer mal die belgische Rüstungsfirma PRB, der befreundete schwedische Waffenkonzern Bofors oder die Athener Firma Elviemek genannt. Ein Werk der griechischen Firma wird im Mai 1987 durch eine mysteriöse Explosion zerstört, zweifellos ein Racheakt. Doch von den Tätern und den Hintermännern fehlt bis heute jede Spur.

Mitte 1985 meldeten die deutschen Manager die Erledigung des ersten Auftrags an PRB. Die Restmenge von rund 20 000 Detonatoren wird mit anderem Material über eine Spedition in

Aachen ausgeliefert. Auch die anderen Fuhren gehen reibungslos über die Grenze. In einem Telex an die »Beschaffungsbehörde des iranischen Verteidigungsministeriums« listete Schmitz im August 1985 eine Flugzeugladung für Teheran auf, darunter auch eine Ladung Detonatoren. Für die gesamte Detonatoren-Lieferung wünscht Schmitz die Zahlungen auf ein Konto bei der Melli-Bank in Düsseldorf.

Später entdeckten die in dem Fall ermittelnden Beamten des Zollkriminalinstituts die verschlungenen Lieferwege, und sie kamen meist in Portugal zusammen, der letzten Station vor dem Ziel Teheran. Ein ehemaliger Repräsentant von Dynamit Nobel im Iran hatte für das verbotene 30-Millionen-Geschäft die getarnten Umwege ausgetüftelt. In der Schah-Ära hatte der Teheraner Statthalter von Dynamit Nobel seine Firma dort dick ins Geschäft gebracht. Sein größter Erfolg war damals der Verkauf einer Zünderfabrik. Nach dem Umsturz kamen die Geschäfte nur mühsam in Gang. Schließlich aber gelang dem erfahrenen Iran-Händler der Verkauf der Detonatoren an Chomeinis Aufrüster. Der einstige Mitarbeiter von Dynamit Nobel, ein Mann für heikle Fälle, ist nach Erkenntnissen der Staatsanwaltschaft der wichtigste Drahtzieher in dem illegalen Rüstungsdeal. Anfang 1991 sollen die Ermittlungen gegen ihn abgeschlossen sein, dann muß der Rüstungsbeschaffer mit einer Anklage rechnen.

Gezisch am Nachmittag

Den Gestank »nach Chemie«, den er in irakischer Geiselhaft aushalten mußte, hatte Manfred Ritschel auch nach seiner Freilassung noch in der Nase. Besonders deutlich spürte der Kaufmann aus Wattenscheid den giftigen Geruch, wenn er kurz vor 19 Uhr mit den anderen Gefangenen zum Essenfassen über den Hof geführt wurde.

Ähnliche Erfahrungen machte auch Ritschels Mitgefangener Peter Böshaus: »Es wurde produziert, da waren Werkstattgeräusche und dieser Gestank«, berichtete er. Ein anderer Leidensgefährte erinnerte sich an »lautes Pfeifen und Gezisch«, meist am späten Nachmittag.

Was sie da rochen und hörten, konnten die Geiseln nur ahnen. Ihr Gefängnis war eine Werkhalle bei der Giftgasfabrik von Samarra, 120 Kilometer von Bagdad entfernt. »Keiner sollte sehen«, berichtete einer der Gefangenen nach seiner Rückkehr in die Heimat, »wer draußen was macht.« Die Tore der Geisel-Halle waren zugeschweißt.

Im Rüstungskomplex Tadschi, nordwestlich von Bagdad, ging es etwas lockerer zu. Die Geiseln, die auch dorthin als lebende Schutzschilde verschleppt worden waren, konnten Malochern bei der Arbeit zusehen – es waren offenbar deutsche Spezialisten.

Die Berichte der Heimkehrer aus dem Irak alarmierten deutsche und amerikanische Geheimdienste: In fast allen wichtigen Rüstungsanlagen des weltweit boykottierten Kuweit-Okkupators Saddam Hussein lief auch nach dem UN-Embargo die Produktion offenbar mit ausländischer Hilfe weiter.

Giftgas und Kanonen, für den Einsatz gegen den Rest der Welt, wurden nach Geheimdienst-Analysen in unmittelbarer Nachbarschaft der Geisel-Gefängnisse hergestellt – auch mit der Hilfe von Deutschen, die nicht als Geiseln, sondern als Geschäftsfreunde des Diktators in der Wüste waren.

Aus den Berichten der Geiseln und aus anderen Quellen rekonstruierten Geheimdienste, daß – zumindest bis Anfang November – etwa in Samarra fünf Tage die Woche jeweils eine Schicht ans Werk ging. Produziert wurden jeden Tag rund 400 Kilogramm Tabun und Lost, möglicherweise auch Sarin.

Diese Giftgasfabriken konnten nach Expertenmeinung in wesentlichen Bereichen nur von ausgesuchten Fachleuten gesteuert werden, und die waren – vor dem Embargo zumindest – unter den Irakern kaum zu finden.

Deutsche Tüchtigkeit war schon länger Tagesgespräch unter den internationalen Geiseln. Als beispielsweise der Wattenscheider Ritschel Anfang Oktober mit anderen Gefangenen von Samarra in eine Anlage der »Iraq Atom. Energy Company« verlegt wurde, sprach ihn eine amerikanische Geisel an: »Wir kommen aus Tadschi, dort hättest du auf der Baustelle mit deinen Landsleuten reden können.«

Weit im Norden, in Mosul, wurde ein anderer deutscher Gefangener gleich mehrfach an die Heimat erinnert: Er habe, so berichtete er dem SPD-Europa-Abgeordneten und Irak-Reisenden Dieter Schinzel, viele Geräte made in Germany und auch deutsche Experten gesehen, die emsig bei der Arbeit waren.

Vieles deutete darauf hin, daß Experten aus dem Westen zur Fortsetzung ihrer Arbeit gezwungen wurden. Es gab aber eine Menge Hinweise darauf, daß freiwillige Helfer aus Deutschland und anderswo im Einsatz sind – wegen der knappen Devisen gegen Gold.

Für Geheimdienstler entstand aus der Summe der Berichte so der Eindruck, daß es zwischen der Situation der Ausländer, die als Geiseln, und jener, die als Geschäftsleute im Irak sind, durchaus Abstufungen gibt.

Am ärgsten waren offenbar die Gefangenen aus Kuweit dran. Sie wurden als erste und in großer Zahl an strategische Plätze verschleppt und manchmal auch malträtiert.

Wer beispielsweise nach dem 2. August, dem Tag der Invasion in Kuweit, einreiste, mußte nicht fürchten, von Saddams Häschern kassiert zu werden. Ausländer, die sich vor dem 2. August im Irak selbst aufhielten, wurden meist etwas besser behandelt – wenngleich sie kaum unter Saddams Bezeichnung als »Gäste« paßten.

Am besten hatten es offenkundig die Helfer im Rüstungsbereich. Sie durften sich frei bewegen, und manchem widerfuhr eine Behandlung de luxe: Der für das Raketenprogramm zuständige Projektleiter Saba Modher stellte serienweise Blanko-Ausreise-Zertifikate aus. Der irakische Industrieminister beanspruchte beispielsweise bei der Mission Willy Brandts ein Kontingent an Plätzen zur eigenen Verfügung.

Verblüffend für die Helfer war dann, was sich in Bagdad vor dem Rückflug des deutschen Geisel-Jets abspielte. Manche wollten, wie Brandt-Begleiter Schinzel feststellte, partout nicht ausreisen. Andere hatten längst ein Ausreisevisum, kamen aber erst Wochen später mit einer Maschine in London an. Einer nannte drei unterschiedliche Firmen als Arbeitgeber, »keine stimmte« (Schinzel).

Auf private Absprachen mit dem Saddam-Regime deutete auch, daß an Bord der Maschine in der Gruppe der Kuweit-Geiseln plötzlich etwa zwei Dutzend Reisende waren, die während der langen Tage des Wartens nie gesichtet worden waren und erst im letzten Moment an Bord kamen. Als während des Rückfluges ein RTL-Fernsehteam drehte, versteckte mancher von ihnen sein Gesicht hinter der Zeitung.

Opfer und Täter waren im kriegerischen Irak zur Zeit manchmal gar nicht zu unterscheiden. Die in das Geschäft um die Giftgasanlage von Samarra verwickelte Heberger Bau war vertreten – Leute von Gildemeister, dem Planer des Rüstungszentrums Mosul, saßen ebenso in der Brandt-Maschine wie die beiden Mosul-Ausbilder Hahn & Kolb und die Fortuna-Werke aus Stuttgart. Und natürlich war auch Personal des Rüstungskonzerns Messerschmitt-Bölkow-Blohm vor Ort.

Mancher von denen, die in Brandts Geisel-Flugzeug saßen, hatte humanitäre Hilfe wohl kaum nötig: Einer unter den deutschen Reisenden in der Brandt-Maschine war Mitarbeiter der Bagdader Rüstungsfirma Al Fao Establishment, die im Raketenprogramm große Ziele verfolgte.

Ein anderer arbeitete für das Technical Corps for Special Projects, eine Abteilung des Verteidigungsministeriums: Ihr Chef ist Hussein Karmil, Schwiegersohn des Geiselnehmers Saddam Hussein.

Nach den Beobachtungen des Bundesnachrichtendienstes (BND), nach Erkenntnissen westlicher Späher, aber auch nach Schilderung von Irak-Heimkehrern funktionierte noch in den Novembertagen der Geschäftsverkehr zwischen Bagdad und Europa. Diskret wie eh und je wickelten auch westdeutsche Unternehmer mit dem kriegslüsternen Saddam ihre Verträge ab.

Die Experten reisten über Amman ein. Die jordanische Hauptstadt war nach wie vor gut erreichbar. Von dort flog die Iraqui Airways täglich den Saddam Hussein International Airport an.

Das Ritual lief nach den alten Regeln ab. Die Helfer wurden an den Kontrollen vorbeigeführt – ohne umständliche Paß- und Zollformalitäten.

Das diente der Tarnung. Nach einer EG-Verordnung vom 29. Oktober waren sämtliche Dienstleistungen für die irakische Wirtschaft – mit Ausnahme von Bankgeschäften – verboten. Einen Monat später erweiterte die Bundesregierung die Strafbestimmungen für einen Bruch des Irak-Embargos. Seitdem sind auch alle Dienstleistungen Deutscher in Irak und Kuweit unter Strafe gestellt.

Um das Embargo zu brechen, war kein Umweg zu weit. Auffällig viele deutsche Geschäftsleute reisten von Amman nicht gleich in die Heimat zurück, sondern steuerten erst London oder Amsterdam an. Routinegemäß notierten bundesdeutsche Grenzer bei der Paßkontrolle die Reiseroute mancher Nahost-Rückkehrer. Auf diese Weise kamen Behörden dahinter, daß beispielsweise Manfred Schwender, aus dem westfälischen Ibbenbühren, im September aus dem Irak zurückkehrte – nicht an Bord einer Maschine mit freigelassenen Geiseln, sondern ganz privat.

Schwender und sein Vater Ewald sind im Irak-Geschäft keine Unbekannten. Sie betreiben einen Großhandel mit Maschinen und Baugeräten (»vorwiegend Tätigkeit in Nahost-Staaten«) und fielen vor ein paar Jahren auf, als sie eine Fertigungsstraße bauten, die jetzt in Samarra steht.

Angeblich sollten auf der Anlage so harmlose Behälter wie Feuerlöscher gefertigt werden. In Wirklichkeit aber wurden Fliegerbomben gebaut, die Saddam mit Nervenkampfstoffen füllen ließ. Die Schwenders sagten, sie seien hereingelegt worden und hätten den Zweck ihrer Anlage nicht gekannt. Vater und Sohn müssen im März mit einer Anklage rechnen. Und die Ermittler versuchten herauszufinden, was Manfred Schwender diesmal im Irak machte.

Für die Fahnder war es schwierig, jede Mission im Irak richtig zu deuten. Manche Konzernherren versuchten im Herbst 1990, festgehaltene Firmenangehörige auf eigene Faust rauszupauken, andere wollten offenbar ihren Auftrag erfüllen, weil sonst die hinterlegte Garantiesumme von den Irakern kassiert wird. Manche fürchteten auch, für immer auf eine schwarze Liste zu kommen und dadurch möglicherweise lukrative Geschäfte zu verlieren.

Der Geschäftssinn deutscher Unternehmer, so scheint es, läßt sich weder von internationalen Sanktionen noch von nationalen Gesetzen bremsen, die Exporte in Krisengebiete strengen Kontrollen und Beschränkungen unterwerfen. Das Bild vom häßlichen Deutschen, der das Monster Saddam mit hochgefährlichem Zeug ausgestattet und ihm dank Firmen wie Boswau & Knauer sogar noch einen Atombunker eingerichtet hat, ist für das Image der größten Exportnation der Welt verheerend.

Vor allem nimmt der Druck aus Washington zu. Die US-Botschaft übergibt der Bundesregierung seit September 1990 regelmäßig Listen mit den Namen von Unternehmen, die angeblich

auch noch nach Verhängung des UNO-Embargos mit irakischen Rüstungseinkäufern zusammenarbeiteten. Die US-Regierung sei darüber, so die Botschaft, außerordentlich besorgt
(»highly concerned«).

Die Kenntnisse der Amerikaner kamen aus erster Hand.
Lausch-Spezialisten der National Security Agency (NSA), des
geheimsten aller US-Geheimdienste, protokollieren rund um
den Erdball und rund um die Uhr auch den internationalen
Geschäftsverkehr. Lange schon vor Kriegsausbruch kontrollier-
ten sie Bagdads Funkverkehr und registrierten Telefaxe wie
Telexe arabischer Einkäufer.

Auch in Deutschland wurden seit Monaten alle verdächti-
gen Firmen abgehört. Rund 100 Hinweise auf angebliche deutsche Embargo-Sünder gingen bislang in Bonn ein – hinter dem
Irak-Nachbarn Jordanien rangierte der Exportweltmeister damit an zweiter Stelle.

Bonns Zollfahnder waren bundesweit auf Trab. In rund 80
Fällen wurde umfangreich recherchiert, sieben Ermittlungsverfahren wurden bis Mitte Januar 1991 eingeleitet. Bei drei Unternehmen lag allenfalls eine Ordnungswidrigkeit nach Paragraph
33 des Außenwirtschaftsgesetzes vor – die Firmen sollen Irak-
Geschäfte lediglich gefördert haben. Die meisten Betriebe
standen im Verdacht, gegen den Paragraphen 34 verstoßen zu
haben, der Störungen von Frieden und Sicherheit unter Strafe
stellt. Bei Zuwiderhandlungen drohen bis zu drei Jahren Haft.

Als Schaltzentrale galt die Firma Mashieny Majali Trading
Co (MMT) in Amman. Irakische Rüstungskonzerne wie Hutteen State Establishment oder Nassr State Enterprise forderten
ihre deutschen Partner zu Umweglieferungen über MMT auf –
von den Lauschern der NSA wurden die Botschaften abgefan-
gen.

Allerdings: Die Hinweise amerikanischer Geheimdienste,
die etwa im Fall der Giftgasfabriken im libyschen Rabita und
im irakischen Samarra stets präzise waren, erwiesen sich diesmal als ungenau. Einige deutsche Unternehmen waren offenbar zu Unrecht ins Zwielicht geraten. Denn auf die Liste der
Geheimdienste konnte schon geraten, wer lediglich ungefragt
Post aus Bagdad bekam oder wegen ausstehender Zahlungen
den Irak kontaktiert hatte.

Der Bundesnachrichtendienst hatte Ende Oktober etwa die
Düsseldorfer Thyssen-Tochter Rheinstahl-Technik wegen an-

geblicher Geschäftsverbindungen zu den irakischen Beschaffungsfirmen Nassr und Soti im Verdacht, doch Beweise für einen Bruch des Embargos wurden nicht erbracht.

Die Vertriebsgesellschaft Gühring aus dem schwäbischen Albstadt soll von irakischen Partnern zu Umweglieferungen aufgefordert worden sein, eine BND-Spur, die nichts erbrachte. Auch der Verdacht der Amerikaner gegen die Condux-Maschinenbau aus Hanau führte zu nichts.

Daß die Iraker sich emsig um Lieferungen bemühten, ist zweifelsfrei. Bei der rheinischen Herpol Industries Projects GmbH (H.I.P.) beispielsweise ging im September eine Anfrage von Hutteen ein, dringend benötigte Schmiermittel über MMT in Amman zu liefern. Den Amerikanern ist womöglich entgangen, daß H.I.P. umgehend absagte: »Bitte nehmen Sie zur Kenntnis, daß wir absolut keine Chance sehen, was auch immer direkt oder indirekt an den Irak zu liefern.«

Bei anderen Unternehmen, wie der Stuttgarter TS Engineering Export Beratungs- und Handelsgesellschaft, waren die Verdachtsmomente hingegen ziemlich konkret. Gegen die Firma läuft ein Verfahren, weil sie illegal zwischen 1988 und 1990 für Hutteen Maschinen und Werkzeuge zur Automatisierung der Munitionsproduktion geliefert haben soll. Auch nach dem Embargo soll der Kontakt nicht abgerissen sein.

Der Laboreinrichter Tafesan aus Hannover geriet ebenfalls ins Zwielicht. Die Firma wollte im November nach eigenen Angaben medizinisches Zubehör an das eng mit dem Kriegsministerium kooperierende Bagdader Gesundheitsministerium verschiffen lassen und bekam statt einer Genehmigung Besuch von den Zollfahndern. Stutzig hatte Zöllner gemacht, daß die Firma in einem Bericht des Bundesnachrichtendienstes vom 20. November 1990 auftauchte. Danach hat Tafesan in der Vergangenheit Laboreinrichtungen an die irakische Atomenergiebehörde geliefert.

Viele einschlägig bekannte Firmen tauchten in den Listen der Amerikaner auf: Der Samarra-Ausstatter Karl Kolb, der sich nach einem Bericht der Bonner US-Botschaft vom 25. Oktober zu Ersatzteillieferungen bereit erklärt haben soll, dementiert allerdings entschieden. Die Firma sei, erklärte das Management, »das Ziel fortgesetzter Verleumdungen«.

Ins Visier der Amerikaner geriet Rhein-Bayern-Fahrzeugbau aus Kaufbeuren ebenso wie der Unternehmer Werner Beaujean aus Stutensee bei Karlsruhe, gegen den ein Ermittlungsverfahren läuft (Seite 121). Der Unternehmer soll angeblich, was er heftig bestreitet, noch nach dem Embargo Irak-Lieferungen geplant haben. Auch das Kaufbeurer Unternehmen Rhein-Bayern dementiert Kontakte zu irakischen Rüstungseinkäufern.

Unter Verdacht stehen auch Firmen von Weltruf, wie die europäische Vertriebszentrale des japanischen Elektronik- und Optik-Mulits Minolta in Langenhagen bei Hannover. Die Firma soll nach amerikanischen Angaben die Lieferung von elektronischen Geräten geplant haben – mag sein, mag nicht sein.

Ende Oktober leitete die Oberfinanzdirektion Hannover zunächst eine Außenwirtschaftsprüfung ein. Rund zwei Wochen später erschien bei Minolta die Zollfahndung. Das Management gab sich rat- und ahnungslos. Die Vorwürfe erklärte Geschäftsführer Ryusho Kutani, »sind uns unverständlich«. Minolta sei selbstverständlich bereit, Einblicke in sämtliche Unterlagen zu gewähren.

Spätestens seit die Amerikaner Bonn mit Demarchen und Depeschen eingedeckt haben, ist die Bundesregierung alarmiert. Der neue Wirtschaftsminister Jürgen Möllemann war kaum im Amt, da erklärte er, die Bundesregierung werde illegale Waffenexporte »weiter erschweren« – der Präsident der Deutsch-Arabischen Gesellschaft weiß, wovon er spricht.

Noch im Frühjahr 1991 soll ein elektronisches Schleppnetz gegen die schmutzigen Händler entwickelt werden. Das Programm läuft unter dem Namen »Kobra« (Kontrolle bei der Ausfuhr) und soll die Informationen der verschiedenen zuständigen Behörden vernetzen: Dazu gehören das BAW, das ZKI und die Grenzzollstellen; auch Recherchen der Nachrichtendienste und des Wiesbadener Bundeskriminalamtes fließen ein.

Das Hirn von Kobra sitzt im Rechenzentrum der Frankfurter Oberfinanzdirektion. Es soll gebündelte Informationen über den Warenverkehr nach Köln liefern, wo ZKI-Spezialisten an Bildschirmen dann verdächtige Exportbewegungen herausfinden können. Die Software für das Programm ist seit 1988 entwickelt worden, von 1991 an soll Kobra die Kontrolle an den Grenzen mitübernehmen.

Das Computersystem ist vollgepackt mit wichtigen Daten. Kürzel für verdächtige Projekte, Personalien der Einkäufer im

Rüstungsgeschäft, Angaben über einschlägige Organisationen und Hintermänner sind eingespeichert.

Mehr als 200 Zolldienststellen im Bundesgebiet werden seit Anfang 1991 mit Computern ausgestattet, die Kobra füttern. Scanner lesen die Daten von standardisierten Ausfuhrpapieren ein, um sie nach Frankfurt und Köln zu übermitteln. Erscheint dem Zentralrechner oder den ZKI-Experten etwas verdächtig, erhält die jeweilige Zolldienststelle einen Hinweis auf dem Monitor und kann möglicherweise die Lieferung stoppen. »Jetzt kann eine bessere Warenkontrolle auch vor Ort stattfinden«, sagt ZKI-Chef Karl-Heinz Matthias.

Bislang wurden dort vor allem Einfuhren penibel geprüft, die rund 15 Millionen Exporte jährlich aber großzügig abgefertigt. Für die Beachtung von Sonderbestimmungen bei den stichprobenartigen Kontrollen fehlte es den überforderten Zöllnern meist an Kenntnissen.

Mit Kobra soll vor allem die Ausfuhr von »Dual-Use Items«, zivil wie militärisch nutzbaren Materialien, besser kontrolliert werden. Frühzeitig wollen die Fahnder derartige Geschäfte erkennen. Beim ZKI sollen allein für die neue Technik 30 Leute eingestellt werden; das BAW, das bis 1989 nur rund 70 der etwa 500 Mitarbeiter für die Exportkontrolle einsetzte, beschäftigt mittlerweile mehr als 200 Beamte nur für den Bereich Ausfuhr. Die Zahl soll binnen kurzem auf 245 gesteigert werden.

Gute Kontrolleure sind jedoch Mangelware, ihnen offeriert der Staat einen Sonderbonus. Das Wirtschaftsministerium, sagte Möllemanns Vorgänger Haussmann, habe »auch ungewöhnliche Wege, selbst bei der Besoldung, einschlagen müssen, um am leergefegten Frankfurter Arbeitsmarkt« genug Bewerber zu finden – die Rüstungsindustrie kann Spezialisten bessere Gehälter bieten.

Register

183